成都局集团公司铁路职工岗位培训系列教材

临时旅客列车列车员

中国铁路成都局集团有限公司　编

中国铁道出版社有限公司

2024年·北　京

内 容 简 介

本书为临时旅客列车列车员岗位培训教材，全书分为理论知识、实作技能两部分。理论知识包括基础知识、专业知识和相关知识；实作技能包括基本技能和专业技能。

本书适用于集团公司“新职、转岗、晋升”人员岗前资格性培训，也可作为高职生“2＋1”定向培养教材和日常岗位适应性培训教材。

图书在版编目(CIP)数据

临时旅客列车列车员 / 中国铁路成都局集团有限公司编. -- 北京 : 中国铁道出版社有限公司, 2024.8.
(成都局集团公司铁路职工岗位培训系列教材).
ISBN 978-7-113-31444-6

Ⅰ. U293.3

中国国家版本馆 CIP 数据核字第 2024A5Q728 号

书　　名：临时旅客列车列车员
作　　者：中国铁路成都局集团有限公司

责任编辑：鹿金炜　　**编辑部电话：**(010)51873023
封面设计：郑春鹏
责任校对：苗　丹
责任印制：高春晓

出版发行：中国铁道出版社有限公司(100054，北京市西城区右安门西街 8 号)
网　　址：http://www.tdpress.com
印　　刷：天津嘉恒印务有限公司
版　　次：2024 年 8 月第 1 版　2024 年 8 月第 1 次印刷
开　　本：787 mm×1 092 mm 1/16　**印张：**7.25　**字数：**175 千
书　　号：ISBN 978-7-113-31444-6
定　　价：50.00 元

成都局集团公司铁路职工岗位培训系列教材
编审委员会

本书编委会

主　　编：王　琪

副 主 编：杨　锐　张　宇

主　　审：范曾曾　杨梦婷　叶　雯

编写人员：王　靖　胡益志　张　兵　金希希

徐菲菲　罗俊峰

前 言

随着我国铁路事业快速发展，路网规模持续扩大、技术装备不断更新、职工队伍大规模迭代，对铁路专业技能人才，尤其是"新职、转岗、晋升"人员的知识技能结构提出了更高的要求。为进一步加强职工队伍建设，加快铁路高技能人才培养，适应铁路高质量发展对职工岗位素质的要求，依据《铁路特有工种技能培训规范》、教学大纲和岗位作业标准，中国铁路成都局集团有限公司组织编写了"铁路职工岗位培训系列教材"。

本套教材从各工种岗位工作实际出发，注重专业性、实用性和指导性，以新职、转岗、晋升人员基础知识和专业技能培训为重点内容，以适应岗位需求为主要目标，严格按照《铁路特有工种技能培训规范》培训科目要求，充分依据现行基本规章和作业标准，紧密结合现场各工种岗位作业实际组织编写，内容反映各工种岗位"新技术、新设备、新工艺、新规章"变化，重点突出岗位作业标准、安全规定、应急处置。

本套教材由中国铁路成都局集团有限公司教材编审委员会组织，以专业指导委员会为平台，职工培训部统筹，职工培训基地牵头，运输、客运、货运、机务、工务、电务、供电、车辆、土房专业部门组建以现场专业技术骨干为主体的编写团队进行编写，适用于"新职、转岗、晋升"人员岗前资格性培训，也可作为高职生"2+1"定向培养教材和日常岗位适应性培训教材。

本书为临时旅客列车列车员岗位培训教材，共五章，主要内容包括：基础知识、专业知识、相关知识、基本技能、专业技能。本书引用的基本规章、作业标准等为编写时现行文件，后续新发文件冲突时，以新发文件为准。

由于编者水平有限，书中难免存在疏漏和不妥之处，恳请广大读者提出宝贵意见，便于日后修订完善。

编委会

2024 年 4 月

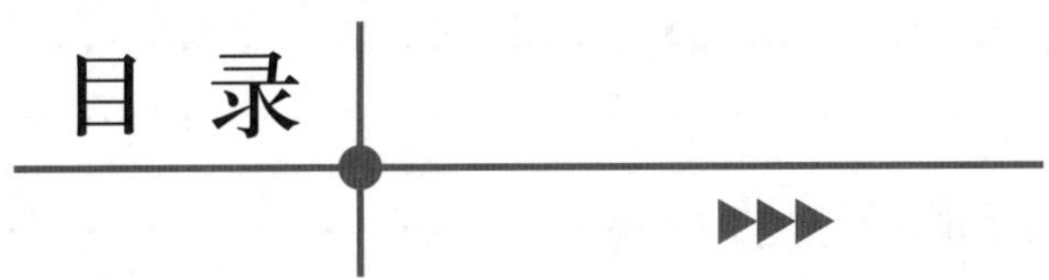

目录

第一部分　理论知识

第二部分　实作技能

第一部分　理论知识

第一章　基础知识

第一节　铁路客运概述

一、铁路三级管理模式

(一)中国国家铁路集团有限公司

中国国家铁路集团有限公司(以下简称国铁集团)以铁路客货运输为主业,实行多元化经营。负责铁路运输统一调度指挥,统筹安排路网性运力资源配置,承担国家规定的公益性运输任务,负责铁路行业运输收入清算和收入进款管理。自觉接受行政监管和公众监督,负责国家铁路新线投产运营的安全评估,保证运输安全,提升服务质量,提高经济效益,增强市场竞争能力。

(二)铁路局集团公司

铁路局集团公司贯彻执行国铁集团命令指示、规章制度,制定有关补充规定或细则;审批公布管内临管线营业里程;申报营业站的开办和封闭,审批旅客乘降所开办和封闭。

(三)客运站段

客运站段是客运工作的基层单位,是国铁集团、铁路局集团公司规章、命令、批指示和目标的组织实施者。

二、铁路旅客运输的主要特点

1. 铁路旅客运输的主要服务对象是旅客,其次是行李、包裹和邮件。通过售票工作,把旅客组织起来并最大限度地满足他们在旅行中物质文化生活需求,集人、车、路、站于一体,主要以提供劳务的形式为旅客服务。

2. 铁路旅客运输生产向社会提供的是无形产品,其核心产品是旅客的空间位移。

3. 铁路旅客运输在时间上有较大的波动性,季、月、周、日和一日内各小时之间常会出现急剧的起伏变化。

4. 客运站舍的位置宜设在客流易于集散处,便于旅客换乘不同的交通方式。

5. 铁路旅客运输不同于货物运输,旅客在旅行中有不同的物质文化生活需求(如饮食、盥洗、休息、适宜的通风、照明、温度等),铁路旅客运输企业不仅应满足这些需求,而且应积极改善,创造良好的旅行环境并提供优质的服务。

三、铁路旅客运输的基本任务

1. 认真贯彻执行党和国家的有关方针、政策、法令及交通运输的各项规章制度,同时要通过客运工作与人民群众广泛接触的机会，热情宣传党和国家的各项方针政策。

2. 制定铁路旅客运输发展规划，不断开辟、拓展客运市场，建立和完善适应经济发展的客运市场。

3. 充分发挥现有的交通设施作业，合理配置运力，千方百计提高客运交通总供给。

4. 为旅客服务，对旅客负责，以旅客需求为导向，积极开展营销活动，努力提高客运服务质量，做到想旅客所想，急旅客所急，帮旅客所需，保证优质服务。

5. 组织不同客运方式间的联运，开展跨省跨区的联合经营，形成旅客直达运输。

6. 加强科学管理，提高经营水平，在搞好旅行服务的前提下，提高客运企业的经济效益，积极为铁路建设积累资金。

7. 根据党和国家一定时期的中心工作以及国民经济发展的要求，完成各种临时性的紧急任务。

8. 加强对客运职工的政治思想教育及业务技术培训工作，不断提高职工素质和企业整体素质，为实现旅客运输系统的现代化而积极创造条件。

四、普速旅客列车车型概述

我国普速旅客列车由牵引机车和铁路客车编组而成。铁路客车是指载运旅客的车辆、为旅客提供服务的车辆以及编挂在旅客列车中的其他用途的车辆。我国铁路客车根据用途的不同，主要有硬座车、软座车、硬卧车、软卧车、行李车、餐车。此外，还有空调发电车、邮政车、试验车、公务车、卫生车、医务车、维修车、文教车、特种车等。

(一)铁路客车车型车号代码

我国铁路客车车型代码由基本型号和辅助型号组成。基本型号表示不同用途的车辆车种；辅助型号表示不同结构特点和系列。客车车型车号代码如图 1-1 所示。

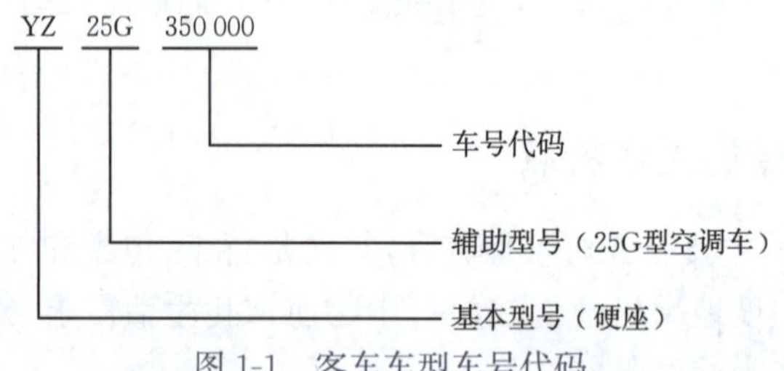

图 1-1　客车车型车号代码

1. 客车基本型号。

客车基本型号一般由车种汉语拼音的两个大写字母组成，客车车种和基本型号。见表 1-1。

表 1-1　客车车种和基本型号

序号	车　种	基本型号	序号	车　种	基本型号
1	软座车	RZ	5	行李车	XL
2	硬座车	YZ	6	邮政车	UZ
3	软卧车	RW	7	餐车	CA
4	硬卧车	YW	8	空调发电车	KD

续上表

序号	车　种	基本型号	序号	车　种	基本型号
9	公务车	GW	13	维修车	WX
10	医疗车	YL	14	特种车	TZ
11	卫生车	WS	15	救援车	JY
12	试验车	SY			

有特殊结构和用途的客车，在车种基本型号前添加汉语拼音字头，或在车种基本型号后添加阿拉伯数字及汉语拼音字头。例如，双层客车加“S”，一等软座车为“RZ1”，一等双层软座车为“SRZ1”，特等软座车为“RZT”。

由两种或两种以上车种合造成一辆车时，称为合造车，合造车的基本型号由组成合造车的车种汉语拼音字头合并，按表 1-1 中车种的顺序排列，如行李邮政车为“XU”。

2. 客车辅助型号。

客车辅助型号由两位阿拉伯数字或两位阿拉伯数字加大写汉语拼音字母组成，附在基本型号右下角。阿拉伯数字表示不同客车结构系列，汉语拼音字母表示车辆构造设备等特征。

（二）铁路客车发展

从 1952 年开始，我国自行设计制造铁路客车以来，主型有 21 型、22 型和 25 型客车。

1. 21 型客车。

21 型客车是我国自行设计的第一代主型客车，是在新中国成立前留下的旧型客车基础上进行改造而成的，构造速度 80～100 千米/时。如图 1-2 所示，为 21 型客车硬座车。

图 1-2　21 型客车硬座车

2. 22 型客车。

22 型客车是铁路第二代主型客车，1956 年开始设计、试制，1959 年生产，1994 年停止生产，构造速度 120 千米/时，曾经在铁路客运中长期占据主导地位。20 世纪 90 年代开始，22 型客车逐渐被 25 型客车替代。如图 1-3 所示，为 22 型客车硬座车。

18 型、19 型、23 型、31 型为 22 型客车衍生的系列车型。18 型、19 型是供国际联运用的客车，设有空调装置，构造速度为 140 千米/时。23 型客车（不包括餐车）是在 22 型客车基础上的改进型。31 型是市郊用车，只有 YZ31 型硬座一种，其座位布局与地铁列车相仿，车门位于两个转向架之间，不同于标准 22 型客车的两端车门。

3. 25 型客车。

25 型客车是铁路第三代主型客车。1989 年，25A 型客车投入运用，随后又先后按照客运需求的速度等级与功能，陆续研发了 25G、25B、25Z、25K、25T 等系列车型，其中也包括 25 型双层客车和不锈钢车体客车。25 型客车车种繁多，形成了丰富、完整的产品系列。如图 1-4 所示，为 25T 型客车硬卧车。

图 1-3　22 型客车硬座车

图 1-4　25T 型客车硬卧车

既有普速客车车型应用较为广泛的主要有 22B、25B、25G、25K、25T 型等，随着 22 型、25 型客车中部分车辆已接近或达到使用年限，加之旅客对安全舒适、方便快速的更高要求，部分老旧车型将逐步淘汰，25G、25T 型客车成为中长途旅客运输主力军。

第二节　《中国国家铁路集团有限公司铁路旅客运输规程》相关知识

一、用语含义

旅客：持有铁路有效乘车凭证的人。

儿童：该规程所指的儿童是指符合购买铁路儿童优惠票条件和免费乘车条件的未成年人。

车票实名制管理：车票实名购买和实名查验统称为车票实名制管理。

车票实名购买，是指购票人凭乘车人的有效身份证件购买车票，铁路运输企业凭乘车人的有效身份证件销售车票，并记录旅客身份信息和购票信息的行为；车票实名查验，是指铁路运输企业对实行车票实名购买的车票记载的身份信息与乘车人及其有效身份证件进行一致性核对，并记录旅客乘车信息的行为。

联程车票：旅客分段购买的，出发地至目的地间可联程接续的多段车票；前段车票到站与后段车票发站应为同一或同城铁路客运营业站（以下简称车站）。

铁路车票销售代理人：与铁路运输企业签有代售合同，办理铁路车票销售经营业务的独立法人组织。

席位：车票载明的车厢，以及座位或铺位位置。

席别：旅客列车席位的类别，包括硬座、软座、二等座、一等座、特等座、商务座、硬卧、软卧、高级软卧、二等卧、一等卧等。

改签：旅客变更乘车日期、时间、车次、席位、席别和到站时需办理的签证手续。

客运记录：在旅客或行李运输过程中因特殊情况，铁路运输企业与旅客之间需记载某种事项或车站与列车之间办理业务交接的纸质或电子凭证。

时间：以北京时间为准，从零时起计算，实行 24 小时制。

二、铁路旅客运输合同

铁路旅客运输合同是明确铁路运输企业与旅客之间权利义务关系的协议。铁路旅客运输合同从售出车票时起成立，至按车票规定运输结束旅客出站时止，为合同履行完毕。旅客运输的运送期间自检票起至到站出站时止计算。旅客自行中途下车，出站时铁路旅客运输合同履行终止。

三、车票

1. 车票是铁路旅客运输合同的凭证，可以采用电子数据形式或者纸质形式。《中国国家铁路集团有限公司铁路旅客运输规程》(以下简称《国铁集团客规》)中车票是以电子数据形式体现的铁路旅客运输合同的凭证，并实施车票实名制管理。

2. 车票(特殊票种除外)主要信息应包含：发站和到站站名；车厢号、席位号、席别；票价；车次；乘车日期和开车时间；有效期；旅客身份证件信息。

3. 车票票价为旅客购票时的适用票价。铁路运输企业调整票价时，已售出的车票不再补收或退还票价差额。除有效期有其他规定的车票外，车票当日当次有效。旅客自行中途上车、下车的，未乘区间的票款不予退还。

4. 售票与购票。

(1)车票应通过铁路运输企业提供的车站售票窗口、自动售票机、中国铁路 12306 网站(含铁路 12306 移动端，以下简称 12306 网站)、订票电话或铁路车票销售代理人的售票处购买。旅客应按约定支付运输费用，购票后应核对票、款，妥善保管车票信息及购票时所使用的有效身份证件。

(2)铁路运输企业开办定期票、计次票、乘车卡等多种业务时，具体售票、改签、退票、检票和行李托运等业务规则由开办业务的铁路运输企业另行规定。

(3)通过车站售票窗口、铁路车票销售代理人的售票处购票或列车上购票、补票时，可以使用的有效身份证件包括：中华人民共和国居民身份证(含中华人民共和国临时居民身份证)，居民户口簿，中华人民共和国护照，中华人民共和国出入境通行证，中华人民共和国旅行证，新生儿出生医学证明，军官证、警官证、文职干部证、义务兵证、士官证、文职人员证，海员证，以及公安机关出具的临时乘车身份证明，中华人民共和国港澳居民居住证，中华人民共和国台湾居民居住证，港澳居民来往内地通行证，往来港澳通行证，大陆居民往来台湾通行证，台湾居民来往大陆通行证，外国人永久居留身份证，外国人护照，外国人出入境证，公安机关出具的外国人签证证件受理回执、护照报失证明，各国驻华使领馆签发的临时性国际旅行证件(应当附具公安机关签发的有效签证或者停留证件)。

(4)通过 12306 网站、订票电话购票时，可以使用的有效身份证件包括：中华人民共和国居民身份证(含中华人民共和国临时居民身份证)，中华人民共和国护照，中华人民共和国港澳居民居住证，中华人民共和国台湾居民居住证，港澳居民来往内地通行证，台湾居民来往大陆通行证，外国人永久居留身份证，外国人护照。

(5)通过自动售票机购票时，可以使用的有效身份证件包括：中华人民共和国居民身份证，中华人民共和国港澳居民居住证，中华人民共和国台湾居民居住证，外国人永久居留身份证。

(6)旅客应向铁路运输企业提供真实有效的联系方式。发售实名制车票时，铁路运输企业可以记录、保存并在铁路服务过程中使用旅客信息、联系方式，按国家规定承担相应的保密义务。

(7)铁路运输企业发售车票时，根据旅客需要提供载有车票主要信息的“行程信息提示”。通过 12306 网站购票的，“行程信息提示”可通过网站自行打印或下载。如需报销凭证的，应在开车前或乘车日期之日起 180 日以内，凭购票时所使用的有效身份证件到车站售票窗口、自动售票机换取。

(8)“行程信息提示”(图 1-5)和报销凭证(图 1-6)不能作为乘车凭证使用。

图 1-5 行程信息提示

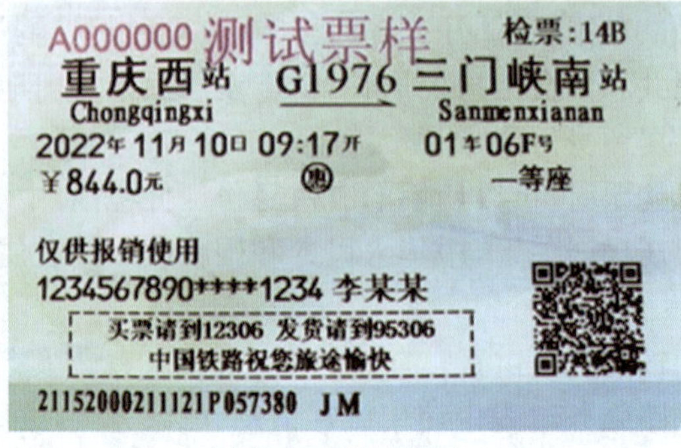

图 1-6 报销凭证

5. 儿童优惠票的相关规定。

(1)除需要乘坐旅客列车通勤上学的学生和铁路运输企业同意在旅途中监护的儿童外，未满 14 周岁的儿童应当随同成年人旅客旅行。

(2)随同成年人乘车的儿童，年满 6 周岁且未满 14 周岁的应当购买儿童优惠票；年满 14 周岁，应当购买全价票。每一名持票成年人旅客可免费携带一名未满 6 周岁且不单独占用席位的儿童乘车，超过一名时，超过人数应当购买儿童优惠票。儿童年龄按乘车日期计算。

(3)旅客携带免费乘车儿童时，应当在购票时向铁路运输企业提前申明，购票申明时使用的免费乘车儿童有效身份证件为其乘车凭证。

(4)免费乘车的儿童单独使用席位时应购买儿童优惠票。

(5)儿童优惠票的乘车日期、车次及席别应与同行成年人所持车票相同，到站不得远于成年人车票的到站。

6. 学生优惠票的相关规定。

(1)在全日制高等学校(含国务院教育行政部门、省级人民政府审批设置的实施高等学历教育的民办学校)，承担研究生教育任务的科学研究机构，军事院校，普通中、小学和中等职业学校(含有实施学历教育资格的公办及民办中等专业学校、职业高中、技工学校)，国务院或国务院宗教事务局批准的正式宗教院校就读的学生、研究生，家庭居住地和学校所在地不在同一城市时，凭附有标注减价优惠区间和火车票学生优惠卡的学生证(中、小学生凭加盖学校公章的书面证明)，优惠区间应加盖院校公章，每学年(10 月 1 日至次年 9 月 30 日)可购买家庭居住地至院校(实习地点)所在地之间四次单程的学生优惠票。新生凭录取通知书、毕业生凭盖有院校公章的学校书面证明当年可购买一次学生优惠票。学生优惠票限于使用普通旅客列车硬座、硬卧和动车组列车二等座。

(2)学生每学年乘车前应到车站指定售票窗口或自动售票机办理一次本人居民身份证件与火车票学生优惠卡的优惠资质核验手续。未办理或未通过优惠资质核验购买学生优惠票乘车时，列车应先办理补收票价差额手续，开具客运记录。旅客到站后可凭车补车票、学生证和购票时所使用的有效身份证件(列车如开具纸质客运记录，还应携带纸质客运记录)，30 日以内到车站售票窗口办理资质核验和退票手续。车站核实学生所购学生优惠票符合有关规定后，为其办理资质核验，扣减学生火车票优惠卡次数，退还车补车票票款，不收退票费。

(3)华侨学生和港澳台学生可购买学校所在地车站至口岸城市车站间的学生优惠票。铁路运输企业另有规定的除外。

(4)火车票学生优惠卡内需载明学生姓名、有效身份证件号码、优惠乘车区间、入学日期、优惠乘车次数等信息。应有而没有火车票学生优惠卡，火车票学生优惠卡所载信息不全、不能识别或者与学生证记载不一致的，不发售学生优惠票。

(5)学生证的减价优惠区间更改时，应重新加盖院校公章，并修改火车票学生优惠卡内相关信息。

(6)学生优惠票按近径路发售。在减价优惠区间内购买联程车票时，扣减一次优惠乘车次数。超过减价优惠区间的，不发售学生优惠票。

(7)优惠乘车次数按学年使用有效，当学年不能使用下一学年的次数，当学年未使用的不能留作下学年使用。

7. 优待票的相关规定。

持中华人民共和国残疾军人证、中华人民共和国伤残人民警察证、国家综合性消防救援队伍残疾人员证的人员凭证可以购买优待票。

8. 车票的有效期。

除有效期有其他规定的车票外，车票当日当次有效。旅客自行中途上车、下车的，未乘区间的票款不予退还。

四、车票查验和安全检查

1. 铁路运输企业按照国家有关规定对旅客所持车票和有效身份证件进行车票实名制查验。车站对进、出站的旅客和人员应当检票，列车对乘车旅客应验票。对应当持证购买的优惠票、优待票，铁路运输企业还需核验旅客相应证件。旅客检票后在车票发站开车前取消旅行，需办理改签、退票手续的，应在开车前主动向车站声明。

2. 旅客应配合铁路运输企业实施的车票实名制查验工作，携带免费乘车儿童还应提供其购票申明时使用的儿童有效身份证件。

3. 铁路运输企业应当依照法律、行政法规和有关规定，对旅客及其携带品进行安全检查。旅客携带品应当遵守国家禁止或者限制运输的相关规定。

4. 车站在开车前提前停止检票，并应当在本站营业场所公告提前停止检票时间。旅客可通过乘车站营业场所公告查询。

5. 铁路稽查人员凭稽查证件、佩戴稽查标识可以在车内验票。

五、乘车条件

1. 旅客的乘车凭证是购票时使用的有效身份证件；随行免费乘车儿童的乘车凭证是其申明时所使用的儿童有效身份证件。

2. 旅客应当按有效车票载明的日期、时间、车次、车厢号、席位号和席别乘车。

3. 持低票价席别车票的旅客不能在高票价席别的车厢（区域）滞留。

4. 视力残疾旅客可以携带取得导盲犬工作证（载有导盲犬使用者信息，盖有公安部门或残疾人联合会公章，或带有国际导盲犬联盟标识“IGDF”），用于辅助视力残疾人工作、生活的导盲犬进站乘车。旅客进站、乘车时，需主动出示残疾人证、导盲犬工作证、动物健康免疫证明等证件，携带的导盲犬接受安全检查。

六、变更

1. 旅客可办理一次改签，在铁路运输企业有运输能力的前提下，按下列规定办理：

（1）开车前 48 小时以上，可免费改签预售期内的列车。

（2）开车前不足 48 小时，可免费改签车票载明的乘车日期以前的列车。

（3）开车前不足 48 小时，可改签车票载明的乘车日期之后预售期内列车，核收改签费。

（4）开车后，在当日 24 时之前，可免费改签当日其他列车。

（5）开车后，在当日 24 时之前，可改签车票载明的乘车日期之后预售期内列车，核收改签费。

(6)办理变更到站的改签时，应在开车前 48 小时以上，原车票已托运行李的，还应办理行李变更或取消业务。

2. 旅客可在车站售票窗口、12306 网站和具备改签功能的自动售票机办理改签。凭各种有效身份证件购买的车票均可在车站售票窗口办理改签，但已打印报销凭证的和使用现金支付方式购买的车票，仅可在车站售票窗口办理改签；凭 12306 网站购票证件且使用电子支付方式购买的车票，可通过 12306 网站办理改签；在具备改签功能的自动售票机办理改签时，应按系统提示办理。

3. 在车站售票窗口办理改签时，乘车人须出具购票时使用有效身份证件；他人代办时应出具代办人有效身份证件及乘车人购票时使用的有效身份证件。

4. 旅客办理已打印报销凭证的车票改签时，须交回报销凭证。报销凭证无法交回或不可识别、不完整时，铁路运输企业不予办理改签。

5. 旅客办理改签时，改签后的车票票价高于原票价时，核收票价差额；改签后的车票票价低于原票价时，退还票价差额，核收票价差额的退票费。

6. 旅客在列车上办理席位变更时，变更后的票价高于原票价时，核收票价差额；变更后的票价低于原票价时，票价差额部分不予退还。

7. 因铁路运输企业责任使旅客不能按车票载明的日期、时间、车次、车厢号、席位号、席别乘车时，站车应妥善安排。重新安排的席位票价高于原票价时，超过部分不予补收；低于原票价时，应当退还票价差额，不收退票费。

8. 旅客要求越过车票到站继续乘车时，须在原车票到站前提出，在有运输能力的情况下列车可予以办理，核收越站区间的票款。

9. 必要时，铁路运输企业可以临时调整改签办法。

七、误售、误购、误乘和误降的处理

1. 在车站售票窗口发生旅客车票误售、误购时，旅客当场提出的，车站换发新票，需退还票价差额时，不收退票费。铁路运输企业责任导致的误售应为旅客免费办理退票或换发新票。

2. 发生误乘、误降时，旅客应向站车工作人员提出。列车长应编制客运记录交前方停车站；车站对本站发现或列车移交的误乘、误降旅客，应指定最近列车免费送回至车票到站或原票乘车站。如误乘旅客提出乘坐本趟列车直接去原票到站时，所乘列车票价高于原票价时，核收票价差额；所乘列车票价低于原票价时，票价差额部分不予退还。

3. 在免费送回区间，旅客不得中途下车。如中途下车，对往返乘车的免费区间，按返程所乘列车等级分别核收往返区间的票款。免费送回区间，旅客应按照铁路运输企业指定的席别乘坐，旅客如提出乘坐高票价席别时，应重新支付高票价席别票款。

八、丢失乘车凭证的处理

旅客购买车票后，丢失购票身份证件的，按以下方式处理：

(1)旅客在乘车前丢失证件的，应到该有效身份证件的发证机构办理临时身份证明，凭临时身份证明进出站乘车。

(2)旅客在列车上、出站前丢失证件的，须先办理补票手续，凭后补车票检票出站。在列车上办理时，列车核验席位使用正常的，开具客运记录；在车站办理时，车站核验车票无出站检票记录的，开具客运记录。旅客应在乘车日期之日起30日以内，凭该有效身份证件发证机构办理的临时身份证明和后补车票(如开具纸质客运记录，还应携带纸质客运记录)，到列车的经停站退票窗口办理后补车票与原票乘车区间一致部分的退票手续。办理退票手续时，如核查丢失证件所购原票有出站记录的，后补车票不予退票；无出站记录的，办理退票时，不收退票费。

九、不符合乘车条件的处理

1. 有下列行为时，铁路运输企业按规定补票，并加收已乘区间应补票价50%的票款：

(1)无票乘车且未主动补票时，补收自乘车站(不能判明时自始发站)起至到站止的车票票款。持失效车票乘车或在车票到站后不下车继续乘车的，按无票处理。

(2)持用变造、伪造或涂改的乘车凭证乘车时，除按无票处理外并送交公安部门处理。

(3)票、证、人不一致的，按无票处理。

(4)持用低票价席别车票乘坐高票价席别时，补收所乘区间的票价差额。

(5)旅客持优惠票、优待票，没有规定的减价凭证或不符合减价条件时，按照全价票价补收票价差额。

2. 有下列情况时应当补收票款：

(1)应购买儿童优惠票而未买票的儿童，补收儿童优惠票票款。

(2)应购买全价票而购买儿童优惠票乘车的未成年人，应补收儿童优惠票票价与全价票价的差额。

(3)主动补票或者经站车同意上车补票的。

十、拒绝运送和运输合同的终止

1. 对无票乘车而又拒绝补票的人，列车长可责令其下车并应编制客运记录交前方三等以上车站或县、市所在地车站处理(其到站近于上述车站时应交到站处理)。车站对列车移交或本站发现的上述人员应追补应收和加收的票款。

2. 对下列旅客，站车均可拒绝其进站、上车或责令其下车；对责令其下车的，其未使用至到站的票款不予退还，运输合同即行终止。

(1)拒不支付应补票款和加收票款的；

(2)不接受安全检查的，坚持携带或者夹带禁止、限制物品的；

(3)不接受车票实名制查验的；

(4)在站车内寻衅滋事、扰乱公共秩序，患有烈性传染病、严重精神障碍和醉酒等有可能危及列车安全或者其他旅客以及铁路站车工作人员人身安全的；

(5)国家规定的其他情况。

十一、退票

1. 旅客要求退票时，须在车票载明的日期、车次开车时间前办理。已办理行李托运的车票退票时，应先办理取消行李托运业务。退票核收退票费，应退票款按购票时的支付方式退还。旅客在12306网站、自动售票机退票后，可在办理之日起180日以内到车站售票窗口凭购票时使用的有效身份证件领取退票费报销凭证。

2. 下列情况不办理退票：

(1)车票发站开车后；

(2)开车后改签的车票；

(3)加收的票款；

(4)车补车票(因未通过或未办理学生资质核验和丢失购票时使用的有效身份证件，而办理的补票除外)。

3. 旅客可在车站售票窗口、12306 网站和具备退票功能的自动售票机办理退票。凭各种有效身份证件购买的车票均可在车站售票窗口办理退票；凭 12306 网站购票证件购买的车票可在 12306 网站办理退票；在具备退票功能的自动售票机办理退票时，应按系统提示办理。旅客使用 12306 网站购票证件，通过现金方式购买或已打印报销凭证的车票，可通过 12306 网站先行办理退票，自网上办理退票成功之日起 180 日以内，凭乘车人有效身份证件到车站指定窗口办理退款手续。

4. 在车站售票窗口办理退票时，乘车人本人办理的，需出具购票时所使用的有效身份证件；代乘车人办理的，需出具代办人的有效身份证件和乘车人购票时所使用的有效身份证件。

5. 旅客办理已打印报销凭证的车票退票或退款手续时，须交回报销凭证。报销凭证无法交回或不可识别、不完整时，铁路运输企业不办理退票或退款。

6. 旅客旅行途中因伤、病不能继续旅行时，经站车核实，可在下车后 30 日以内到下车站办理退票，退还已收票价与已乘区间票价差额，核收退票费；同行人同样办理。

7. 因铁路运输企业责任或自然灾害等其他不能正常运输情形导致旅客退票时按下列规定办理，不收退票费：

(1)在车票发站，退还全部票款；

(2)在中途站，退还未乘区间票款；

(3)在到站，退还车票未使用部分票款；

(4)列车因空调设备故障在运行过程中不能修复时，应退还未使用区间的空调费用。

8. 因列车晚点导致旅客退票时，应在车票发站列车实际开车前办理，退还全部票款，不收退票费。旅客已购联程车票，可一并办理退票，不收退票费。

9. 因列车停运导致旅客退票时，旅客可自列车停运信息公布时起至车票乘车日期后 30 日以内办理退票手续，不收退票费。停运列车停运信息公布前购买的联程车票，可在联程车票开车前一并办理退票，不收退票费。

10. 必要时，铁路运输企业可以临时调整退票办法。

十二、携带品

1. 旅客携带品由自己负责看管。旅客需妥善放置携带品，不得影响公共空间使用和安全。每人免费携带品的重量和规格是：

(1)儿童 10 千克，外交人员 35 千克，其他旅客 20 千克。每件物品外部尺寸长、宽、高之和不超过 160 厘米，杆状物品不超过 200 厘米；但乘坐动车组列车均不超过 130 厘米；每件重量不超过 20 千克。平衡车、滑行器等轮式代步工具须使用硬质包装物妥善包装。

(2)依靠辅助器具才能行动的老、幼、病、残、孕等特殊重点旅客旅行时代步的折叠式轮椅，以及随行婴儿使用的折叠婴儿车，可免费携带并不计入上述范围。

2. 旅客携带品应当遵守国家禁止或者限制运输的相关规定。为保障车站、旅客列车等公共场所内外整洁、空气清新，妨碍公共卫生的物品，能够损坏或污染车辆的物品，以及活动物（导盲犬和作为食品且经封闭箱体包装的鱼、虾、蟹、贝、软体类水产动物除外）不得随身携带乘车。

3. 旅客违规携带的物品按下列规定处理：

(1)在乘车站禁止进站上车。

(2)在车内或下车站，对超过免费重量的物品，其超重部分应自上车站至下车站补收行李运费。对不可分拆的整件超重、超大物品、活动物，按该件全部重量补收上车站至下车站行李运费。

(3)发现危险品或禁止、限制运输的物品，妨碍公共卫生的物品，损坏或污染车辆的物品，按该件全部重量加倍补收上车站至下车站行李运费。危险品交前方停车站处理；涉嫌违法犯罪的送交公安部门处理。对有必要就地销毁的危险品应按有关规定处理。

(4)如旅客超重、超大的物品价值低于运费时，可按物品价值的50％核收运费。

(5)补收运费时，不得超过本次列车的始发站和终到站。不能判明上车站时，自始发站起计算。

十三、旅客遗失物品的处理

1. 发现旅客遗失物品应积极寻找失主。如旅客已经下车，应编制客运记录，注明品名、件数等移交下车站。不能判明时，移交列车前方站或终到站。

2. 车站应设失物招领处，对本站发现或列车移交的旅客遗失物品，要及时登记、妥善保管，并在12306网站或车站进行公告。失主来领取时，应查验有效身份证件，核对时间、地点、车次、品名、件数、重量，确认无误后，由失主签收。铁路运输企业可依据相关法律、行政法规和有关规定对保管的遗失物品核收保管费。鲜活易腐物品和食品不负责保管。无人认领的遗失物品按国家有关规定处理。

第三节 《铁路旅客运输服务质量规范（列车部分）》相关知识

一、空调列车服务质量规范

（一）术语和定义

1. 普速旅客列车：指运送旅客或行包、邮件的非动车组列车。

2. 动车组列车：指由若干带动力和不带动力的车辆以固定编组组成、两端设有司机室的一组列车。

3. 重点旅客：指老、幼、病、残、孕旅客。特殊重点旅客是指依靠辅助器具才能行动等需特殊照顾的重点旅客。

（二）安全秩序

1. 防火防爆、人身安全、食品安全、现金票据、结合部等安全管理制度健全有效。

2. 三乘检查。

列车始发前及途中，客运、车辆、公安等人员按照职责分工分别对列车上部设备设施进行检查,发现问题各自填入“三乘检查记录”并通知车辆人员处置,涉及行车、人身安全的及时采取临时处置措施。列车终到前,已经修复的在“三乘检查记录”上标记并由“三乘”签字确认后,交车辆乘务员。

3. 安全设备设施管理内容。

各车厢灭火器、紧急制动阀、人力制动机、紧急破窗锤、灭火毯、防毒面具、应急手电筒、扩音器等安全设备设施配齐配全,作用良好,定位放置。乘务人员知位置、知性能、会使用。

(1)各车厢紧急制动阀有包封,印有“危险勿动”警示标志;紧急制动阀手柄施封良好,压力表指示正常。

(2)人力制动机施封良好,制动、缓解方向指示标志清晰,无遮挡。

(3)灭火器安放牢固,便于取用,不搭挂物品;检修不过期,压力符合规定,标牌齐全清晰,施封完好。

(4)紧急破窗锤标注“消防专用”标志,安放牢固,便于取用。

(5)餐车厨房按规定配备灭火毯,定位存放,保持干燥。

(6)行李车、邮政车和发电车按规定配备有效防烟毒面具,包装完好,配件齐全。

(7)封闭式洗脸间、厕所防护栏安装牢固,防护栏栏杆之间及栏杆与窗框之间间隙不大于150毫米。

4. 电器设备的使用规定。

正确使用电器设备,安全用电。电器元件安装牢固,接线及插座无松动,紧急断电按钮护盖施封良好,按钮开关、指示灯作用良好;不乱接电源和增加电器设备,不超过允许负载。配电室(箱)人离锁闭,门锁良好,配电箱、控制箱内及上部不得放置物品;可燃物品不得贴靠电采暖装置。不用水冲刷地板、墙板、电器设备及带有电伴热塞拉门乘降梯。

5. 执行车门管理制度。

(1)车门管理做到停开、动关、锁,出站台检查瞭望值乘区域车门。车站开车铃声结束、旅客乘降完毕后上车放下脚踏板,在车门口值守做好关门准备(塞拉门应关闭车门),车动关闭车门;进站提前到岗,确认站台,试开车门(塞拉门除外),停稳开门,卡牢翻板,无旅客从背面车门下车。试开车门时开启车门缝隙不超过10厘米,确认车门状态良好后立即关闭。始发、终到客流较大时双开车门组织乘降,一人值乘多个车厢时,由车站负责值守增开的车门。

(2)列车运行中,载客车厢连接端门不锁闭,特殊情况需要锁闭时,应有工作人员监管,需要时能随时打开。车门及餐车厨房边门、走廊边门、厨房后门锁闭;行李车、发电车、邮政车端门锁闭,但与车厢连接端门锁闭后可用列车通用钥匙打开。到站前、开车后疏通通道。列车停站期间,卧车端门按照值乘范围锁闭相应车厢端门。

(3)列车首节车辆前部、尾节车辆后部设有外端门、防护栏和“禁止通行、当心坠落”标志,外端门运行中锁闭。餐车后厨边门窗户不是内翻可开启式的,边门外加装防护栏并加锁固定牢固。列车首尾载客车厢侧门和端门运行中锁闭,在内端门设置“旅客止步”标志。有运转车长作业的,侧门和内端门由其负责管理,无旅客通行。

(4)临时停车时做好宣传,加强巡视,确保车门锁闭,严禁旅客上下车,未经列车长统一组织不准开启车门。列车启动后四门检查瞭望。

(5)停站立岗时,面向旅客放行方向立岗(高站台时不背对车厢连接处立岗),做好安全宣传,验票上车,重点帮扶,安全乘降。

(6)高站台乘降作业时，站停时间超过 4 分钟时，车门口与站台间使用安全踏板，组织乘降的车门与相邻车厢间空挡处设置警示带。警示带印有反光材料制作的“请勿靠近、当心坠落”字样及当前、相邻车厢顺号，设置方式、位置统一。临时双开车门组织乘降时，增开的车门可不设置安全踏板和警示带。

6. 安全标志和揭示揭挂。

安全标志和揭示揭挂设置齐全，有铁路旅客乘车安全、旅行须知；车门有“禁止携带危险品”标志，塞拉门还有“禁止倚靠”标志；客室相应位置有“禁止吸烟”“请勿向窗外扔东西”“当心烫伤”“当心夹手”“请勿触摸”“禁止通行”“旅客止步”等安全标志。设置位置合理，内容准确，规格统一，符合标准。

7. 治安秩序。

运行中做好安全宣传和防范，车内秩序、环境良好，无闲杂人员随车叫卖、拣拾、讨要。发现可能损坏车辆设施和影响安全、文明的行为及时制止。

8. 禁烟工作。

车厢内禁止吸烟，加强禁烟宣传，发现禁烟区吸烟行为及时劝阻，并由公安机关依法查处。允许吸烟的处所有“吸烟处”标志和安全注意事项告知揭示，配备烟灰盒。

9. 行李架的整理规定。

行李架物品摆放平稳、牢固、整齐。大件行李妥善放置，不占用席（铺）位，不堵塞通道。锐器、易碎品、杆状物品及重物等放在座（铺）位下面。衣帽钩限挂衣帽、服饰等轻质物品。

10. 在列车运行途中发现异常情况的处理。

(1)发现旅客携带品可疑及无人认领的物品时，配备乘警（或列车安全员）的列车通知乘警到场处理；未配备乘警的由列车长按规定处理，对危险品做好登记、保管及现场处置，并交前方停车站（公安部门）处理。

(2)发现行为、神情异常旅客时，重点关注，配备乘警的列车通知乘警到场处理；未配备乘警的列车由列车长处理，情形严重时交列车运行前方停车站处理。

(3)发生旅客伤病时，提供协助，通过广播寻求医护人员帮助；情形严重的，报告客调。

11. 乘务人员进出车站和客技站时的规定。

走指定通道，通过线路时走天桥、人行地道，走平交道时做到“一停二看三通过”，不横越线路，不钻爬车底，不跨越车钩，不与运行中的机车车辆抢行。进出车站时集体列队。

12. 乘务纪律：乘务人员在接班前充分休息，保持精力充沛，不在班前、班中、折返站饮酒。

(三)设备设施

1. 车辆设备设施质量标准：车辆设备设施齐全，符合运用客车出库质量标准。

(1)列车办公席、乘务员室、行李员办公室、广播室，备品柜、清洁柜、工具室（柜）、洗脸间、厕所等设施齐全，作用良好，正常使用，不挪作他用或改变用途。

(2)车辆外观整洁，内外部油漆无剥落、褪色、流坠；车内顶棚不漏水，内外墙板及车内地板无破损、无塌陷、不鼓泡；渡板及各部位压条、压板、螺栓不松动、无翘起；脚蹬安装牢固，无腐蚀破损；手把杆无破损、松动。各部位金属部件无锈蚀。

(3)各门、翻板及簧、锁、门止、碰头、卡销配件齐全，不松动，作用良好。车窗锁及窗帘盒滑道、窗帘杆、毛巾杆、挂钩齐全，作用良好。门窗玻璃无破损，密封条完整，不透气、透尘，不漏水，无脱落。车内各车门处有防挤手装置，配置齐全，作用良好。

(4)暖气片(罩、管)、座席、卧铺(及吊带)、扶手、梯子、行李架、梳妆台、面镜、茶桌、餐桌、抽屉、衣帽钩、毛巾杆(架)、镜框、书报架、温度计齐全良好,无松动。座席及卧铺面布无破损。包房号牌、座(铺)位号牌以及各室、柜、箱、开关等服务标牌齐全清晰。

(5)电茶炉安装牢固,炉体无变形、破损,管系各阀无漏水,排水管畅通、无堵塞,过滤器清洁,液位显示清晰。

(6)给、排水装置配件齐全,作用良好,不漏水。车厢水位表(液位仪)显示准确。配有加热装置的,加热装置作用良好,正常启用。盥洗设备齐全,作用良好,安装牢固,无裂损。

(7)厕所便器、卫生纸盒、冲水装置作用良好,便器(斗)冲水均匀,无外喷。集便式厕所配有垃圾箱(桶)。

(8)灯具、灯罩完整清洁,无松动、裂损、变形,灯带、卡子齐全;顶灯光色一致。各电气开关、电源插座齐全,作用良好,无烧损。

(9)车载视频监控终端设施设备作用良好,外观整洁,安装牢固,故障、破损、及时修复。

(10)空调设备各部配件齐全,作用良好,安装牢固,运转正常。

2. 车内各种服务图形标志使用要求:型号一致、位置统一,安装牢固,齐全醒目,符合规定。

3. 车厢有列车运行区间牌、内外顺号(牌)等标志,文字清晰、准确,无破损、卷边、褪色。使用电子显示屏的作用良好,显示及时、准确。

4. 列车车厢内垃圾箱使用规定。

每节车厢垃圾箱不少于一个,与垃圾袋配套使用。内嵌式垃圾箱正常启用,不封闭或挪作他用,内胆采用不锈钢材质,与垃圾箱体空间适应,与箱体内壁间隙不超过1厘米,箱体四壁封闭,垃圾投放进口有漏斗。外置式垃圾箱有盖,放置位置不占用通道或影响其他服务设施使用。

5. 集便式厕所的使用要求:单双管客车混编时,在全列制动机试验前,集便式厕所锁闭,开车后启用;当运行途中因列车管压力下降被迫停车时,按照车辆乘务员要求,将集便式厕所适当锁闭。

(四)服务备品

1. 服务备品、材料的使用规定。

符合国家环保规定,质量符合要求,色调与车内环境相协调。服务备品齐全,干净整洁,定位摆放。布制、易耗备品备用充足,保证使用。布制备品按附录规定的时间使用和换洗,有启用时间(年、月)标志。

(1)软卧车(含高级软卧车):①使用遮光帘和纱帘。②厕所配有大盘卷筒卫生纸,坐便器配有一次性坐便垫圈。③洗脸间有洗手液(皂)、垃圾桶。④走廊有地毯,边座有套。包房内有被套、被芯、枕套、枕芯、床单、垫毯、卧铺套、靠背套、茶几布、一次性拖鞋、衣架、不锈钢果皮盘、带盖垃圾桶、热水瓶;高级软卧车包房内还有面巾纸盒。⑤乘务员室备有托盘、热水瓶(根据需要增配防倒架)和一次性硬质塑料水杯。

(2)软座车:①使用遮光帘和纱帘。②坐便器配有一次性坐便垫圈。③有座席套、头靠套(头枕片)、果皮盘。④乘务员室备有热水瓶(根据需要增配防倒架)。

(3)硬卧车:①使用遮光帘。②坐便器配有一次性坐便垫圈。③有卧铺套、被套、被芯、枕套、枕芯、床单、垫毯和边座套,每格有不锈钢果皮盘。④乘务员室备有卫生纸、热水瓶(根据需要增配防倒架)。

(4)硬座车:①使用遮光帘。②坐便器配有一次性坐便垫圈。③每格有果皮盘。④有座席套、头靠套(片)。⑤乘务员室备有热水瓶(根据需要增配防倒架)。

2. 贴身卧具(被套、床单、枕套)和头靠套使用要求。

干燥、清洁、平整,无污渍、无破损;已使用与未使用的折叠整齐,分别装袋保管。卧具袋防水、耐磨,干净,无破损。贴身卧具与其他布质备品分类洗涤;洗涤、存储、装运及更换不落地、无污染。可使用独立包装的贴身卧具供途中、折返更换。

3. 卧车垫毯、被芯、枕芯等非贴身卧具备品使用要求。

干燥、清洁,无污渍、无破损,定期晾晒。被芯、枕芯先加装包裹套,再使用被套、枕套。包裹套半年清洗一次,保持干燥整洁。

4. 布制备品定位规定。

布制备品定位存放在备品柜内。无备品柜或备品柜容量不足的,硬卧车定位放置在4、5、18、19号卧铺下,软卧车定位放置在3、7、11号卧铺下。

5. 车内清扫工具的放置。

放置在清洁柜内,无清洁柜的定位隐蔽存放。有厕所专用清扫工具,定位存放厕所内或与车内清扫工具分开放置在清洁柜内,不影响旅客使用空间。

6. 垃圾袋的使用规定。

垃圾箱(桶)内用垃圾袋,垃圾袋符合国家标准,印有使用单位标志,与垃圾箱(桶)规格匹配,厚度不小于0.025毫米。餐车厨房配备专用垃圾袋,厚度不小于0.04毫米。

7. 列车配有票剪、补票机、站车客运信息无线交互系统手持终端;乘务人员配置具备录音功能的手持电台及音视频记录仪。设备电量充足,作用良好。站车客运信息无线交互系统手持终端在始发前登录,途中及时更新信息。

(五)整备

1. 出库标准。

(1)车厢内外各部位整洁,窗明几净,四壁无尘,物见本色。①车外皮、车梯、翻板内外、窗门框及玻璃、扶手干净、无污渍。②天花板(顶棚)、板壁、边角、地板、连接处、灯罩、座椅(铺位)、暖气罩、空调口、通风口、电茶炉等部位清洁卫生,无尘无垢,缝隙无杂物。③热水瓶、果皮盘、垃圾箱(桶)、洗脸间内外洁净。④厕所无积便、积垢、异味,地面干净无杂物,便器排污管及内边沿无积垢。集便式厕所污物箱内污物排尽。

(2)布制品、消耗品和清扫工具等服务备品配备齐全,定位放置,定型统一。①卧具叠放整齐,摆放统一,床单、头枕套、座席套、茶几布等铺设平整,干净整洁。窗帘、纱帘悬挂整齐,定型统一,美观大方,无脱扣。②洗手液、卫生纸、面巾纸、一次性坐便垫圈等服务备品补足配齐,定位放置。③清扫工具、活动顺号、安全踏板、警示带等备品定位放置,不影响旅客使用空间。④办公席、乘务员室各种资料、备品定位摆放,干净整齐。

(3)定期进行"消、杀、灭",蚊、蝇、蟑螂等病媒昆虫指数及鼠密度符合国家规定。

2. 途中标准。

各处所清扫及时,保持整洁卫生。

(1)各处所地面墩扫及时,干燥、干净;台面、桌面、面镜擦抹及时,干净、无水渍;中途站擦扶手,低站台停车时擦翻板扶手。

(2)洗脸(手)池、电茶炉沥水盘、餐车洗碗池清理、擦抹及时,无污渍,无残渣,无堵塞,无积水;果皮盘、垃圾箱(桶)清理及时,无残渣;厕所畅通无污物,无异味,集便式厕所按规定吸污。

(3)洗手液、卫生纸、面巾纸、一次性坐便垫圈等备品补充及时;卧具污染更换及时。

(4)垃圾装袋、封口、无渗漏,定位放置,在指定站定点投放;不向车外扫倒垃圾、抛扔杂物。

3. 终到标准。

终到站时车内无垃圾,无污水,无粪便。垃圾装袋、封口、无渗漏,到站定点投放。

4. 到站立即折返标准。

(1)车厢地面、通过台、连接处、行李架、扶手及座椅(铺位)、暖气罩、边角等部位干净整洁,通风口、电茶炉下、洗脸间下等隐蔽处所无积垢,无杂物。垃圾箱(桶)内无垃圾,无异味。

(2)果皮盘、热水瓶内外洁净;垃圾箱(桶)、洗脸间四周洁净。

(3)洗脸间、厕所面镜洁净,洗脸(手)池、便器无污物、无异味。电茶炉沥水盘洁净。

(4)布制品、消耗品和清扫工具等服务备品配备齐全,定位放置,定型统一。

(5)卧具叠放整齐,摆放统一,床单、头枕套、座席套、茶几布等铺设平整,干净整洁。窗帘、纱帘悬挂整齐,定型统一,美观大方,无脱扣。

(6)洗手液(皂)、卫生纸、面巾纸、一次性坐便垫圈、垃圾袋等服务备品补足配齐,定位放置。

(7)清扫工具、活动顺号、安全踏板、警示带等备品定位放置,不影响旅客使用空间。

(8)办公席、乘务员室各种资料、备品定位摆放,干净整齐。

(六)文明服务

1. 仪容和着装标准:仪容整洁,着装统一,整齐规范。

(1)头发干净整齐、颜色自然,不理奇异发型、不剃光头。男性两侧鬓角不得超过耳垂底部,后部不长于衬衣领,不遮盖眉毛、耳朵,不烫发,不留胡须;女性发不过肩,刘海长不遮眉,短发不短于7厘米。

(2)面部、双手保持清洁,身体外露部位无文身。指甲修剪整齐,长度不超过指尖2毫米,不染彩色指甲。女性淡妆上岗,保持妆容美观,不浓妆艳抹。

(3)乘务组换装统一,衣扣拉链整齐。着裙装时,丝袜统一,无破损。系领带时,衬衣束在裙子或裤子内。外露的皮带为黑色。佩戴的外露饰物款式简洁,限手表一只、戒指一枚,女性还可佩戴发夹、发箍或头花及一副直径不超过3毫米的耳钉。不歪戴帽子,不挽袖子和卷裤脚,不敞胸露怀,不赤足穿鞋,不穿尖头鞋、拖鞋、露趾鞋,鞋的颜色为深色系,鞋跟高度不超过3.5厘米,跟径不小于3.5厘米。

(4)佩戴职务标志,胸章牌(长方形职务标志)戴于左胸口袋上方正中,下边沿距口袋1厘米处(无口袋的戴于相应位置),包含单位、姓名、职务、工号等内容。臂章佩戴在上衣左袖肩下四指处。按规定应佩戴制帽的工作人员,在执行职务时戴上制帽,帽徽在制帽折沿上方正中。除列车长外,其他客运乘务人员在车厢内作业时可不戴制帽。

2. 用语和举止要求:表情自然,态度和蔼,用语文明,举止得体,庄重大方。

(1)使用普通话,表达准确,口齿清晰。服务语言表达规范、准确,使用"请、您好、谢谢、对不起、再见"等服务用语。对旅客、货主称呼恰当,统称为"旅客们""各位旅客""旅客朋友”，单独称为“先生、女士、小朋友、同志”等。

(2)旅客问讯时，面向旅客站立(列车办公席工作人员办理业务时除外)，目视旅客，有问必答，回答准确，解释耐心。遇有失误时，向旅客表示歉意。对旅客的配合与支持，表示感谢。

(3)坐立、行走姿态端正，步伐适中，轻重适宜。在旅客多的地方，先示意后通行；与旅客走对面时，要主动侧身面向旅客让行，不与旅客抢行。列队出(退)勤(乘)时，按规定线路行走，步伐一致，箱(包)在同一侧。

(4)立岗姿势规范，精神饱满。站立时，挺胸收腹，两肩平衡，身体自然挺直，双臂自然下垂，手指并拢贴于裤线上，脚跟靠拢，脚尖略向外张呈“V”字形。女性可双手四指并拢，交叉相握，右手叠放在左手之上，自然垂于腹前；左脚靠在右脚内侧，夹角为45°呈“丁”字形。

(5)列车进出站时，在车门口立岗，面向站台致注目礼，以列车进入站台开始，开出站台为止。办理交接时行举手礼，右手五指并拢平展，向内上方举手至帽沿右侧边沿，小臂形成45°角。

(6)清理卫生时，清扫工具不触碰旅客及携带物品。挪动旅客物品时，征得旅客同意。需要踩踏座席、铺位时，戴鞋套或使用垫布。占用洗脸间洗漱时，礼让旅客。

(7)夜间作业、行走、交谈、开关门要轻。进包房先敲门，离开时，应倒退出包房。

(8)不高声喧哗、嬉笑打闹、勾肩搭背，定时定点用乘务餐，其他时段不在旅客面前吃食物、吸烟、剔牙齿和出现其他不文明、不礼貌的动作，不对旅客评头论足，接班前和工作中不食用异味食品。餐车对旅客供餐时，不在餐车逗留、闲谈、占用座席、陪客人就餐。

3. 车厢环境与供电：温度适宜，环境舒适。

(1)车厢内空气质量符合国家标准。发电车供电的空调客车须在列车始发前60分钟供电并开启空调预冷预热，机车供电的空调客车须在列车始发前60分钟(特殊情况40分钟)完成机车连挂和供电，对车厢进行预冷或预热；空调温度调节适宜，体感舒适，原则上保持冬季18 ℃～20 ℃，夏季26 ℃～28 ℃。

(2)车内照明符合规定。夜间运行(22:00—7:00)时，硬卧车和软、硬座车照明开关置于半灯位，洗面灯开关置于开位；始发、终到站和客流量大的停站，以及列车途经地区与北京时间存在时差时自行调整。列车终到后供电时间不少于30分钟；入库期间以及使用发电车或具备地面电源供电的折返停留列车供电时间不少于4小时，停留不足4小时的不间断供电。

4. 列车的用水供应。

(1)始发开车前电茶炉水开，清空热水瓶存水；开车后及时为热水瓶注水，途中为有需求的重点旅客供水。

(2)车厢不间断供水。上水站到站前、开车后分别核记水位刻度，确认上水情况。

5. 列车厕所锁闭规定。

列车渡海以及运行在市区、长大隧道、大桥和站停3分钟及以上的停车站锁闭厕所；中途停车站提前5分钟、终到站提前10分钟锁闭厕所。集便式厕所吸污时或未供电时锁闭厕所，其他时间不锁厕所。厕所锁闭时，为特殊情况急需使用厕所的旅客提供方便。

6. 公共区域的电源插座使用标准：保证符合标示范围的旅行必需的小型电器正常使用。

7. 旅客乘降组织要求。

在始发站根据车站通知、在中途站列车停稳后打开车门组织旅客乘降；开车铃响，面向列车，足踏安全线，铃止登车，做到行动迅速，作业统一。遇有高寒、高温、雨雪天气或在办理

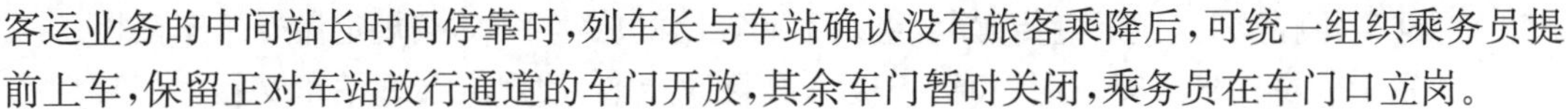

客运业务的中间站长时间停靠时,列车长与车站确认没有旅客乘降后,可统一组织乘务员提前上车,保留正对车站放行通道的车门开放,其余车门暂时关闭,乘务员在车门口立岗。

8. 卧铺车的管理。

根据站车交互系统提示旅客到站情况,原则上提前30分钟逐一提示旅客做好下车准备,告知下车的车门位置;到站前按值乘范围锁闭端门,对下车人数做到心中有数。卧车贴身卧具一客一换,卧具终点站收取。夜间运行,卧车乘务员在边凳值岗,定时巡视车厢。始发后和进入夜间运行前,客运乘务人员对卧车核对铺位,对座车进行旅客去向登记。

9. 发现旅客遗失物品的处理。

妥善保管,设法归还失主,无法归还时编制客运记录交站处理。无法判明旅客下车站时交列车终到站处理。

10. 为旅客服务的要求:全面服务,重点照顾。

(1)全面做好基本服务。①各车厢公布中国铁路客户服务中心客户服务电话(区号+电话号码)、铁路12306手机客户端和微信公众号二维码。②实行首问首诉负责制。受理旅客咨询、求助、投诉,及时回应,热情处置,有问必答,回答准确;对旅客提出的问题不能解决时,指引到相应岗位,并做好耐心解释。

(2)保障重点旅客服务。①按规范设置无障碍厕所、座椅、专用座席等设施设备,作用良好。②对重点旅客做到"三知三有"(知座席、知到站、知困难,有登记、有服务、有交接),优先办理卧铺、安排座席;为有需求的特殊重点旅客联系到站提供担架、轮椅等辅助器具,及时办理站车交接。

(3)尊重民族习俗和宗教信仰。经停民族自治地区车站的列车可按规定在图形标志增加当地通用的民族语言文字,可根据需要增加当地通用的民族语言播音。

(七)应急处置

1. 做好职工日常培训及演练:火灾爆炸、重大疫情、食物中毒、空调失效、设备故障和列车大面积晚点、停运、变更径路、变更车底等非正常情况下的应急处置预案健全有效,预案内容分工明确,流程清晰。日常组织培训,定期组织演练,培训演练有记录,有结果,有考核。

2. 应急物品的配备:配备照明灯、扩音器、口笛等应急物品,电量充足,性能良好。灾害多发季节增备易于保质的食品、饮用水和应急药品,单独存放。

3. 遇突发情况的应急组织工作。

(1)遇火灾爆炸、重大疫情、食物中毒、空调失效、设备故障和列车大面积晚点、停运、变更径路、变更车底等非正常情况时,及时启动应急预案,掌握车内旅客人数及到站情况,维持车内秩序,准确通报信息,做好咨询、解释、安抚、生活保障等善后工作。

(2)列车晚点30分钟以上时,列车长根据调度、本段派班室(值班室)或车站的通报,向旅客公告列车晚点信息,说明晚点原因、预计晚点时间。广播每次间隔不超过30分钟,有条件的可利用电子显示屏实时显示。

(3)遇列车空调故障时,有条件时将旅客疏散到空调良好的车厢,必要时采取开窗通风措施。在站停车须组织旅客下车时,站车共同组织。按规定做好旅客到站退还票价差额时的站车交接。

(4)遇车底变更时,做好宣传解释,配合车站共同组织旅客换乘其他列车,或者按照车站通报的席位调整计划组织旅客调整席位,按规定做好站车交接。

(5)遇变更径路时,做好宣传解释,组织不同径路的旅客下车,按规定做好站车交接。

(6)发生人身伤害或突发疾病时,积极采取救助措施,按规定办理站车交接。必要时可请求在前方所在地有医疗条件的车站临时停车处理。

(八)人员素质

1. 身体健康,五官端正,持有效健康证明。

2. 新职人员具备高中(职高、中专)及以上文化程度。软卧列车员能够使用简单英语。

3. 持有效上岗证,经过岗前安全、技术业务培训合格。列车乘务班组有经过红十字救护知识培训合格的人员。

4. 列车长从事列车乘务工作满 2 年。列车值班员、列车行李员、广播员(含兼职)从事列车乘务工作满 1 年。

5. 熟练使用本岗位相关设备设施,熟知本岗位业务知识和职责,掌握担当列车沿途停站和时刻,沿线长大隧道、桥梁、渡海等线路概况,以及上水、吸污、垃圾投放等作业情况。熟悉本岗位相关应急处置流程,具备应对突发事件能力。

(九)乘务班组的基础管理

1. 管理制度健全,有考核,有记载。定期分析安全和服务质量状况,有针对性整改措施。

2. 按规定配置业务资料,内容修改及时、正确。

3. 各工种在列车长的领导下,按岗位责任各负其责,相互协作,落实作业标准,有监督,有检查,有考核。

4. 业务办理符合规定,票据、台账、报表填写规范、内容准确、完整清晰。配备保险柜,营运进款结算准确,票据、现金及时入柜加锁,到站按规定解款。

5. 宿营车整齐有序,管理规范,乘务员休息铺位定位管理,有定位图,客运、公安、检车等乘务人员每两人轮流使用一个铺位(日勤人员除外),不在乘务人员休息区安排旅客。硬卧宿营车旅客与乘务人员休息区之间有挡帘,印有“旅客止步、请勿喧哗”标志。乘务人员铺位每格有挡帘。宿营车端门有“保持安静”标志。

6. 客运乘务人员配备统一乘务箱(包),集中在宿营车定位摆放;无宿营车时,定位摆放。

7. 定期开展职业技能培训,培训内容适应岗位要求,评判准确。

二、非空调列车服务质量规范

(一)术语和定义

1. 普速旅客列车:指运送旅客或行包、邮件的非动车组列车。

2. 动车组列车:指由若干带动力和不带动力的车辆以固定编组组成、两端设有司机室的一组列车。

3. 重点旅客:指老、幼、病、残、孕旅客。特殊重点旅客是指依靠辅助器具才能行动等需特殊照顾的重点旅客。

(二)安全秩序

1. 防火防爆、人身安全、食品安全、现金票据、结合部等安全管理制度健全有效。

2. 三乘检查。

列车始发前及途中,客运、车辆、公安等人员按照职责分工分别对列车上部设备设施进行检查，发现问题各自填入“三乘检查记录”并通知车辆人员处置，涉及行车、人身安全的及时采取临时处置措施。列车终到前，已经修复的在“三乘检查记录”上标记并由“三乘”签字确认后，交车辆乘务员。

3. 安全设备设施管理内容。

各车厢灭火器、紧急制动阀、人力制动机、紧急破窗锤、灭火毯、防毒面具、应急手电筒、扩音器等安全设备设施配齐配全，作用良好，定位放置。乘务人员知位置、知性能、会使用。

(1)各车厢紧急制动阀有包封，印有“危险勿动”警示标志；紧急制动阀手柄施封良好，压力表指示正常。

(2)人力制动机施封良好，制动、缓解方向指示标志清晰，无遮挡。

(3)灭火器安放牢固，便于取用，不搭挂物品；检修不过期，压力符合规定，标牌齐全清晰，施封完好。

(4)紧急破窗锤标注“消防专用”标志，安放牢固，便于取用。

(5)餐车厨房按规定配备灭火毯，定位存放，保持干燥。

(6)行李车、邮政车各按规定配备有效防烟毒面具，包装完好，配件齐全，会使用。

(7)封闭式洗脸间、厕所防护栏安装牢固，防护栏栏杆之间及栏杆与窗框之间间隙不大于 150 毫米。25 型客车下拉上开式车窗开启范围在 100～150 毫米。

4. 电器设备的使用规定。

正确使用电器设备，安全用电。电器元件安装牢固，接线及插座无松动，紧急断电按钮护盖施封良好，按钮开关、指示灯作用良好；不乱接电源和增加电器设备，不超过允许负载。配电室(箱)人离锁闭，门锁良好，配电室(箱)、控制柜(箱)内及上部不放置物品。不用水冲刷地板、墙板、电器设备。

5. 执行车门管理制度。

(1)车门管理做到停开、动关、锁，出站台检查瞭望值乘区域车门。车站开车铃声结束、旅客乘降完毕后上车放下脚踏板，在车门口值守做好关门准备，车动关闭车门；进站提前到岗，确认站台，试开车门，停稳开门，卡牢翻板，无旅客从背面车门下车。试开车门时开启车门缝隙不超过 10 厘米，确认车门状态良好后立即关闭。始发、终到客流较大时双开车门组织乘降，一人值乘多个车厢时，由车站负责值守增开的车门。

(2)列车运行中，载客车厢连接端门不锁闭，特殊情况需要锁闭时，应有工作人员监管，必要时随时能够打开。车门及餐车厨房边门、走廊边门、厨房后门锁闭；行李车、发电车、邮政车端门锁闭，但与车厢连接端门锁闭后可用列车通用钥匙打开。到站前、开车后疏通通道。列车站停期间，卧车端门按照值乘范围锁闭相应车厢端门。

(3)列车首节车辆前部、尾节车辆后部设有外端门、防护栏和“禁止通行、当心坠落”标志，外端门运行中锁闭。餐车后厨边门窗户不是内翻可开启式的，边门外加装防护栏并加锁固定牢固。列车首尾载客车厢内端门运行中锁闭，在内端门设置“旅客止步”标志。

(4)临时停车时做好宣传，加强巡视，确保车门锁闭，严禁旅客上下车，未经列车长统一组织不准开启车门。列车启动后四门检查瞭望。

(5)停站立岗时，面向旅客放行方向立岗(高站台时不背对车厢连接处立岗)，做好安全宣传，验票上车，重点帮扶，安全乘降。

(6)高站台乘降作业时，站停时间超过 4 分钟时，车门口与站台间使用安全踏板，组织乘降的车门与相邻车厢间空档处设置警示带。安全踏板制作轻巧牢固，安放平稳，定位放置。警示带印有反光材料制作的“请勿靠近、当心坠落”字样及当前、相邻车厢顺号，设置方式、位置统一。临时双开车门组织乘降时，增开的车门可不设置安全踏板和警示带。

6. 安全标志和揭示揭挂。

安全标志和揭示揭挂设置齐全，有铁路旅客乘车安全、旅行须知；车门有“禁止携带危险品”标志，客室相应位置有“禁止吸烟”“请勿向窗外扔东西”“当心烫伤”“当心夹手”“请勿触摸”“禁止通行”“旅客止步”等安全标志。设置位置合理，内容准确，规格统一，符合标准。

7. 治安秩序。

运行中做好安全宣传和防范，车内秩序、环境良好，无闲杂人员随车叫卖、拣拾、讨要。发现可能损坏车辆设施和影响安全、文明的行为及时制止。

8. 禁烟工作。

车厢内禁止吸烟，加强禁烟宣传，发现禁烟区吸烟行为及时劝阻，并由公安机关依法查处。允许吸烟的处所有“吸烟处”标志和安全注意事项告知揭示，配备烟灰盒。

9. 硬质物品的管理。

不出售玻璃、陶瓷、金属等硬质包装（易拉罐除外）商品，有禁止向车外抛物的安全宣传。发现旅客自带硬质包装的食品、饮品，登记旅客的座位号、到站及硬质包装食品、饮品种类和数量，及时回收旅客废弃的硬质包装物，统一保管，随垃圾定点投放。

10. 行李架的整理规定。

行李架物品摆放平稳、牢固、整齐。大件行李妥善放置，不占用席（铺）位，不堵塞通道。锐器、易碎品、杆状物品及重物等放在座（铺）位下面。衣帽钩限挂衣帽、服饰等轻质物品。

11. 在列车运行途中发现异常情况的处理。

(1)发现旅客携带品可疑及无人认领的物品时，配备乘警（或列车安全员）的列车通知乘警到场处理；未配备乘警的由列车长按规定处理，对危险品做好登记、保管及现场处置，并交前方停车站（公安部门）处理。

(2)发现行为、神情异常的旅客时，重点关注，配备乘警的列车通知乘警到场处理；未配备乘警的由列车长按规定处理，情形严重时交列车运行前方停车站处理。

(3)发生旅客伤病时，提供协助，通过广播寻求医护人员帮助；情形严重的，报告客调。

12. 乘务人员进出车站和客技站时的规定。

乘务人员进出车站和客技站时走指定通道，通过线路时走天桥、人行地道，走平交道时做到“一停、二看、三通过”，不横越线路，不钻爬车底，不跨越车钩，不与运行中的机车车辆抢行。进出车站时集体列队。

13. 乘务纪律：乘务人员在接班前充分休息，保持精力充沛，不在班前、班中、折返站饮酒。

(三)设备设施

1. 车辆设备设施质量标准：车辆设备设施齐全，符合运用客车出库质量标准。

(1)列车办公席、乘务员室、行李员办公室、广播室，备品柜、清洁柜、工具室（柜），洗脸间、厕所及茶炉室、锅炉室等设施齐全，作用良好，正常使用，不挪作他用或改变用途。

(2)车辆外观整洁，客车内外部油漆无剥落、褪色、流坠；车内顶棚不漏水，内外墙板及车内地板无破损、无塌陷、不鼓泡；渡板及各部位压条、压板、螺栓不松动、无翘起；脚蹬安装牢固，无腐蚀破损；手把杆无破损、松动。各部位金属部件无锈蚀。

(3)各门、翻板及簧、锁、门止、碰头、卡销配件齐全,不松动,作用良好。车窗锁及窗帘盒滑道、窗帘杆、毛巾杆、挂钩齐全,作用良好。门窗玻璃无破损,密封条完整,不透气、透尘,不漏水,无脱落。车内各车门处有防挤手装置,配置齐全,作用良好。

(4)暖气片(罩、管)、座席、卧铺(及吊带)、扶手、梯子、行李架、梳妆台、面镜、茶桌、餐桌、抽屉、衣帽钩、毛巾杆(架)、镜框、书报架、温度计齐全良好,无松动。座席及卧铺面布无破损。包房号牌、座(铺)位号牌以及各室、柜、箱、开关等服务标牌齐全清晰。

(5)采暖锅炉、茶炉、餐车炉灶配件齐全,作用良好,定检不过期;温度表、水位表显示准确;管系各阀无漏水或结冻,排水管畅通;烟筒及防火隔热装置完整。煤箱盖安装牢固,无松动、脱落、变形。

(6)给、排水装置配件齐全,作用良好,不漏水。车厢水位表(液位仪)显示准确。盥洗设备齐全,作用良好,安装牢固,无裂损。

(7)厕所便器、卫生纸盒、冲水装置作用良好,便斗冲水均匀。

(8)灯具、灯罩完整清洁,无松动、裂损、变形,灯带、卡子齐全;顶灯光色一致。各电气开关、电源插座齐全,作用良好,无烧损。

(9)夏季软卧、宿营车安装单元式空调,其他车厢有电风扇,配件齐全,作用良好,安装牢固,运转正常。

(10)广播系统作用良好,定检合格,音量控制器作用良好。

2. 车内各种服务图形标志使用要求:型号一致、位置统一,安装牢固,齐全醒目,符合规定。

3. 车厢有列车运行区间牌、内外顺号(牌)等标志,文字清晰、准确,无破损、卷边、褪色。

4. 列车车厢垃圾箱使用规定。

每节车厢垃圾箱不少于一个,与垃圾袋配套使用。内嵌式垃圾箱正常启用,不封闭或挪作他用,内胆采用不锈钢材质,与垃圾箱体空间适应,与箱体内壁间隙不超过 1 厘米,箱体四壁封闭,垃圾投放进口有漏斗。外置式垃圾箱有盖,放置位置不占用通道或影响其他服务设施使用。

(四)服务备品

1. 服务备品、材料的使用规定。

符合国家环保规定,质量符合要求,色调与车内环境相协调。服务备品齐全,干净整洁,定位摆放。布制、易耗备品备用充足,保证使用。布制备品按附录规定的时间使用和换洗,有启用时间(年、月)标志。

(1)软卧车:

①使用遮光帘和纱帘。

②厕所配有大盘卷筒卫生纸,坐便器配有一次性坐便垫圈。

③洗脸间有洗手液(皂)、垃圾桶。

④走廊有地毯,边座有被套。包房内有被套、被芯、枕套、枕芯、床单、垫毯、卧铺套、靠背套、茶几布、一次性拖鞋、衣架、果皮盘、带盖垃圾桶、热水瓶。

⑤乘务员室备有托盘、热水瓶(根据需要增配防倒架)和一次性硬质塑料水杯。

(2)软座车:

①使用遮光帘和纱帘。

②坐便器配有一次性坐便垫圈。

③有座席套、头靠套(头枕片)、果皮盘。

④乘务员室备有热水瓶(根据需要增配防倒架)。

(3)硬卧车:

①使用遮光帘。

②坐便器配有一次性坐便垫圈。

③有被套、被芯、枕套、枕芯、床单、垫毯,每格有果皮盘。

④乘务员室备有卫生纸、热水瓶(根据需要增配防倒架)。

(4)硬座车:

①使用遮光帘。

②每格有果皮盘。

③有保温桶并加锁。

④乘务员室备有热水瓶(根据需要增配防倒架)。

2. 贴身卧具(被套、床单、枕套)和头靠套的使用要求。

干燥、清洁、平整,无污渍、无破损;已使用与未使用的折叠整齐,分别装袋保管。卧具袋防水、耐磨,干净,无破损。贴身卧具与其他布质备品分类洗涤;洗涤、存储、装运及更换不落地、无污染。可使用独立包装的贴身卧具供途中、折返更换。

3. 卧车垫毯、被芯、枕芯等非贴身卧具备品使用要求。

干燥、清洁,无污渍、无破损,定期晾晒。被芯、枕芯先加装包裹套,再使用被套、枕套。包裹套半年清洗一次,保持干燥整洁。

4. 布制备品定位规定:布制备品定位存放在备品柜内。无备品柜或备品柜容量不足的,硬卧车定位放置在4、5、18、19号卧铺下,软卧车定位放置在3、7、11号卧铺下。

5. 车内清扫工具的放置。

放置在清洁柜内,无清洁柜的定位隐蔽存放。有厕所专用清扫工具,定位存放厕所内或与车内清扫工具分开放置在清洁柜内,不影响旅客使用空间。

6. 垃圾袋的使用规定。

垃圾箱(桶)内用垃圾袋,垃圾袋符合国家标准,印有使用单位标志,与垃圾箱(桶)规格匹配,厚度不小于0.025毫米。餐车厨房配备专用垃圾袋,厚度不小于0.04毫米。

7. 列车配有票剪、补票机、站车客运信息无线交互系统手持终端;乘务人员配置具备录音功能的手持电台及音视频记录仪。设备电量充足,作用良好。站车客运信息无线交互系统手持终端在始发前登录,途中及时更新信息。

(五)整备

1. 出库标准。

(1)车厢内外各部位整洁,窗明几净,四壁无尘,物见本色。①车外皮、车梯、翻板内外、窗门框及玻璃、扶手干净、无污渍。②天花板(顶棚)、板壁、边角、地板、连接处、灯罩、风扇、座椅(铺位)、暖气罩、茶炉间等部位清洁卫生,无尘无垢,缝隙无杂物。③热水瓶、果皮盘、垃圾箱(桶)、洗脸间内外洁净。④餐车橱、柜、箱干净无异味,分类标志清晰,餐料、商品、备品和餐、炊具等分类定位放置。⑤厕所无积便、积垢、异味,地面干净无杂物,便器排污管及内边沿无积垢。

(2)布制品、消耗品和清扫工具等服务备品配备齐全,定位放置,定型统一。①卧具叠放整齐，摆放统一，床单、头枕套、座席套、茶几布等铺设平整，干净整洁。窗帘、纱帘悬挂整齐，定型统一，美观大方，无脱扣。②洗手液、卫生纸、一次性坐便垫圈等服务备品补足配齐，定位放置。③清扫工具、活动顺号、安全踏板、警示带等备品定位放置，不影响旅客使用空间。④办公席、乘务员室各种资料、备品定位摆放，干净整齐。

(3)定期进行“消、杀、灭”，蚊、蝇、蟑螂等病媒昆虫指数及鼠密度符合国家规定。

2. 途中标准。

各处所清扫及时，保持整洁卫生。

(1)各处所地面墩扫及时，干燥、干净；台面、桌面、面镜擦抹及时，干净、无水渍；中途站擦扶手，低站台停车时擦翻板扶手。

(2)洗脸(手)池、餐车洗碗池清理、擦抹及时，无污渍，无残渣，无堵塞，无积水；果皮盘、垃圾箱(桶)清理及时，无残渣；厕所畅通无污物，无异味。

(3)洗手液、卫生纸、一次性坐便垫圈、垃圾袋等备品补充及时；卧具污染更换及时。

(4)垃圾装袋、封口、无渗漏，定位放置，在指定站定点投放；不向车外扫倒垃圾、抛扔杂物。

3. 终到标准。

终到站时车内无垃圾，无污水，无粪便。垃圾装袋、封口、无渗漏，到站定点投放。

4. 到站立即折返标准。

(1)车厢地面、通过台、连接处、行李架、扶手及座椅(铺位)、暖气罩、边角等部位干净整洁，通风口、洗脸间下等隐蔽处所无积垢，无杂物。垃圾箱(桶)内无垃圾，无异味。

(2)果皮盘、热水瓶内外洁净；垃圾箱(桶)、洗脸间四周洁净。

(3)洗脸间、厕所面镜洁净，洗脸(手)池、便器无污物、无异味。

(4)布制品、消耗品和清扫工具等服务备品配备齐全，定位放置，定型统一。

(5)卧具叠放整齐，摆放统一，床单、头枕套、座席套、茶几布等铺设平整，干净整洁。窗帘、纱帘悬挂整齐，定型统一，美观大方，无脱扣。

(6)洗手液(皂)、卫生纸、一次性坐便垫圈、垃圾袋等服务备品补足配齐，定位放置。

(7)清扫工具、活动顺号、安全踏板、警示带等备品定位放置，不影响旅客使用空间。

(8)办公席、乘务员室各种资料、备品定位摆放，干净整齐。

(六)文明服务

1. 仪容和着装标准：仪容整洁，着装统一，整齐规范。

(1)头发干净整齐、颜色自然，不理奇异发型、不剃光头。男性两侧鬓角不得超过耳垂底部，后部不长于衬衣领，不遮盖眉毛、耳朵，不烫发，不留胡须；女性发不过肩，刘海长不遮眉，短发不短于 7 厘米。

(2)面部、双手保持清洁，身体外露部位无文身。指甲修剪整齐，长度不超过指尖 2 毫米，不染彩色指甲。女性淡妆上岗，保持妆容美观，不浓妆艳抹。

(3)乘务组换装统一，衣扣拉链整齐。着裙装时，丝袜统一，无破损。系领带时，衬衣束在裙子或裤子内。外露的皮带为黑色。佩戴的外露饰物款式简洁，限手表一只、戒指一枚，女性还可佩戴发夹、发箍或头花及一副直径不超过 3 毫米的耳钉。不歪戴帽子，不挽袖子和卷裤脚，不敞胸露怀，不赤足穿鞋，不穿尖头鞋、拖鞋、露趾鞋，鞋的颜色为深色系，鞋跟高度不超过 3.5 厘米，跟径不小于 3.5 厘米。

(4)佩戴职务标志，胸章牌(长方形职务标志)戴于左胸口袋上方正中，下边沿距口袋

1厘米处(无口袋的戴于相应位置),包含单位、姓名、职务、工号等内容。臂章佩戴在上衣左袖肩下四指处。按规定应佩戴制帽的工作人员,在执行职务时戴上制帽,帽徽在制帽折沿上方正中。除列车长外,其他客运乘务人员在车厢内作业时可不戴制帽。

2. 用语和举止要求:表情自然,态度和蔼,用语文明,举止得体,庄重大方。

(1)使用普通话,表达准确,口齿清晰。服务语言表达规范、准确,使用"请、您好、谢谢、对不起、再见"等服务用语。对旅客、货主称呼恰当,统称为"旅客们""各位旅客""旅客朋友",单独称为"先生、女士、小朋友、同志"等。

(2)旅客问讯时,面向旅客站立(列车办公席工作人员办理业务时除外),目视旅客,有问必答,回答准确,解释耐心。遇有失误时,向旅客表示歉意。对旅客的配合与支持,表示感谢。

(3)坐立、行走姿态端正,步伐适中,轻重适宜。在旅客多的地方,先示意后通行;与旅客走对面时,要主动侧身面向旅客让行,不与旅客抢行。列队出(退)勤(乘)时,按规定线路行走,步伐一致,箱(包)在同一侧。

(4)立岗姿势规范,精神饱满。站立时,挺胸收腹,两肩平衡,身体自然挺直,双臂自然下垂,手指并拢贴于裤线上,脚跟靠拢,脚尖略向外张呈"V"字形。女性可双手四指并拢,交叉相握,右手叠放在左手之上,自然垂于腹前;左脚靠在右脚内侧,夹角为45°呈"丁"字形。

(5)列车进出站时,在车门口立岗,面向站台致注目礼,以列车进入站台开始,开出站台为止。办理交接时行举手礼,右手五指并拢平展,向内上方举手至帽沿右侧边沿,小臂形成45°角。

(6)清理卫生时,清扫工具不触碰旅客及携带物品。挪动旅客物品时,征得旅客同意。需要踩踏座席、铺位时,戴鞋套或使用垫布。占用洗脸间洗漱时,礼让旅客。

(7)夜间作业、行走、交谈、开关门要轻。进包房先敲门,离开时,应倒退出包房。

(8)不高声喧哗、嬉笑打闹、勾肩搭背,定时定点用乘务餐,其他时段不在旅客面前吃食物、吸烟、剔牙齿和出现其他不文明、不礼貌的动作,不对旅客评头论足,接班前和工作中不食用异味食品。餐车对旅客供餐时,不在餐车逗留、闲谈、占用座席、陪客人就餐。

3. 车厢环境与供电:温度适宜,环境舒适。

(1)车厢内空气质量符合国家标准。运行途中,车内温度冬季不低于14℃;夏季超过28℃时,使用电风扇。夏季启用单元式空调的车厢,始发前1小时对车厢进行预冷,空调温度调节适宜,体感舒适,原则上保持冬季18℃～20℃,夏季26℃～28℃。

(2)车内照明符合规定。夜间运行(22:00—7:00)时,硬卧车和软、硬座车照明开关置于半灯位,洗面灯开关置于开位;始发、终到站和客流量大的停站,以及列车途经地区与北京时间存在时差时自行调整。列车终到后供电时间不少于30分钟。

4. 列车的用水供应。

(1)列车编组按硬座车每三辆、卧铺车每四辆编挂不少于一辆茶炉车;热水瓶、保温桶始发开车前灌满开水,途中及时供水。

(2)车厢不间断供水。上水站到站前、开车后分别核记水位刻度,确认上水情况。

5. 列车厕所锁闭规定。

列车渡海以及运行在市区、长大隧道、大桥和站停3分钟及以上的停车站锁闭厕所;中途停车站提前5分钟、终到站提前10分钟锁闭厕所。厕所锁闭时,为特殊情况急需使用厕所的旅客提供方便。

6. 电源插板使用标准：在指定位置设置电源插板，供工作人员办公充电使用。

7. 旅客乘降组织要求。

在始发站根据车站通知、在中途站列车停稳后打开车门组织旅客乘车；开车铃响，面向列车，足踏安全线，铃止登车，做到行动迅速，作业统一。遇有高寒、高温、雨雪天气或在办理客运业务的中间站长时间停靠时，列车长与车站确认没有旅客乘降后，可统一组织乘务员提前上车，保留正对车站放行通道的车门开放，其余车门暂时关闭，乘务员在车门口立岗。

8. 卧铺车的管理。

根据站车交互系统提示旅客到站情况，原则上提前 30 分钟逐一提示旅客做好下车准备，告知下车的车门位置；到站前按值乘范围锁闭端门，对下车人数做到心中有数。卧车贴身卧具一客一换，卧具终点站收取。夜间运行，卧车乘务员在边凳值岗，定时巡视车厢。始发后和进入夜间运行前，客运乘务人员对卧车核对铺位，对座车进行旅客去向登记。

9. 发现旅客遗失物品的处理：妥善保管，设法归还失主，无法归还时编制客运记录交站处理。无法判明旅客下车站时交列车终到站处理。

10. 为旅客服务的要求：全面服务，重点照顾。

(1)全面做好基本服务。①各车厢公布中国铁路客户服务中心客户服务电话(区号＋电话号码)、铁路 12306 手机客户端和微信公众号二维码。②实行首问首诉负责制。受理旅客咨询、求助、投诉，及时回应，热情处置，有问必答，回答准确；对旅客提出的问题不能解决时，指引到相应岗位，并做好耐心解释。

(2)保障重点旅客服务。①按规范设置无障碍厕所、座椅、专用座席等设施设备，作用良好。②对重点旅客做到“三知三有”(知座席、知到站、知困难，有登记、有服务、有交接)，优先办理卧铺、安排座席；为有需求的特殊重点旅客联系到站提供担架、轮椅等辅助器具，及时办理站车交接。

(3)尊重民族习俗和宗教信仰。经停民族自治地区车站的列车可按规定在图形标志增加当地通用的民族语言文字，可根据需要增加当地通用的民族语言播音。

(七)应急处置

1. 做好职工的日常培训及演练：火灾爆炸、重大疫情、食物中毒、空调失效、设备故障和列车大面积晚点、停运、变更径路、变更车底等非正常情况下的应急处置预案健全有效，预案内容分工明确，流程清晰。日常组织培训，定期组织演练，培训演练有记录，有结果，有考核。

2. 应急物品的配备：配备照明灯、扩音器、口笛等应急物品，电量充足，性能良好。灾害多发季节增备易于保质的食品、饮用水和应急药品，单独存放。

3. 突发情况的应急组织工作。

(1)遇火灾爆炸、重大疫情、食物中毒、空调失效、设备故障和列车大面积晚点、停运、变更径路、变更车底等非正常情况时，及时启动应急预案，掌握车内旅客人数及到站情况，维持车内秩序，准确通报信息，做好咨询、解释、安抚、生活保障等善后工作。

(2)列车晚点 30 分钟以上时，列车长根据调度、本段派班室(值班室)或车站的通报，向旅客公告列车晚点信息，说明晚点原因、预计晚点时间。广播每次间隔不超过 30 分钟，有条件的可利用电子显示屏实时显示。

(3)遇列车空调故障时，有条件时将旅客疏散到空调良好的车厢，必要时采取开窗通风措施。在站停车须组织旅客下车时，站车共同组织。按规定做好旅客到站时的站车交接。

(4)遇车底变更时，做好宣传解释，配合车站共同组织旅客换乘其他列车，或者按照车站通报的席位调整计划组织旅客调整席位，按规定做好站车交接。

(5)遇变更径路时，做好宣传解释，配合车站组织不同径路的旅客下车，按规定做好站车交接。

(6)发生人身伤害或突发疾病时，积极采取救助措施，按规定办理站车交接。必要时可请求在前方所在地有医疗条件的车站临时停车处理。

(八)人员素质

1. 身体健康，五官端正，持有效健康证明。

2. 新职人员具备高中(职高、中专)及以上文化程度。

3. 持有效上岗证，经过岗前安全、技术业务培训合格。列车乘务班组有经过红十字救护知识培训合格的人员。

4. 列车长从事列车乘务工作满 2 年。列车值班员、列车行李员、广播员(含兼职)从事列车乘务工作满 1 年。

5. 熟练使用本岗位相关设备设施，熟知本岗位业务知识和职责，掌握担当列车沿途停站和时刻，沿线长大隧道、桥梁、渡海等线路概况，以及上水、吸污、垃圾投放等作业情况。熟悉本岗位相关应急处置流程，具备应对突发事件能力。

(九)乘务班组的基础管理

1. 管理制度健全，有考核，有记载。定期分析安全和服务质量状况，有针对性整改措施。

2. 按规定配置业务资料，内容修改及时、正确。

3. 各工种在列车长的领导下，按岗位责任各负其责，相互协作，落实作业标准，有监督，有检查，有考核。

4. 业务办理符合规定，票据、台账、报表填写规范、内容准确、完整清晰。配备保险柜，营运进款结算准确，票据、现金及时入柜加锁，到站按规定解款。

5. 宿营车整齐有序，管理规范，乘务员休息铺位定位管理，有定位图，客运、公安、检车等乘务人员每两人轮流使用一个铺位(日勤人员除外)，不在乘务人员休息区安排旅客。硬卧宿营车旅客与乘务人员休息区之间有挡帘，印有“旅客止步、请勿喧哗”标志。乘务人员铺位每格有挡帘。宿营车端门有“保持安静”标志。

6. 客运乘务人员配备统一乘务箱(包)，集中在宿营车定位摆放；洗漱用具、茶杯、衣帽鞋等定位摆放；无宿营车时，定位摆放。

7. 库内保洁作业纳入客技站一体化作业管理。客技站有客运备品存放、人员间休和看车值班等场所，向列车提供上下水、照明、用电、上下卧具等作业条件。

8. 定期开展职业技能培训，培训内容适应岗位要求，评判准确。

三、旅客列车文明服务及用语要求

(一)文明服务的基本要求

做到全面服务、重点照顾，尊重民族习俗和宗教信仰。为有需求的老、幼、病、残、孕旅客提供帮助，优先办理卧铺、安排座席，为有需求的联系车站提供代步工具。尊重民族习俗和宗教信仰。

(二)文明用语实用技巧

1. 与旅客沟通谈话的技巧。

(1)熟练运用普通话,掌握常用英语口语。

(2)站姿端正,面对对方,保持适当距离(45～100 厘米)。

(3)根据谈话对象高度可采取稍弯腰或下蹲等动作。

(4)目光要注视对方的眼睛,不可东张西望。

(5)口齿清楚、语气温和、用词文雅、态度诚恳。

(6)如需要打断旅客说话时,应等对方讲完一句话后,先说“对不起”,再进行说明。

(7)无意碰撞或影响了旅客,应表示歉意,取得对方谅解。

(8)为旅客发送物品时,应主动介绍名称。

2. 服务用语的规范使用。

(1)称谓语:旅客们、各位旅客、旅客朋友、××先生、××女士、××小朋友、同志。

(2)欢迎语:欢迎光临。欢迎您乘坐本次列车。祝您旅途愉快。很荣幸为您服务。

(3)问候语:您好。早上好、中午好、晚上好。晚安。

(4)告别语:再见。请携带好行李物品。祝您旅途愉快。祝您一路顺风。欢迎您再次乘坐我们列车。下次旅行再会。

(5)征询语:我能为您做些什么吗?需要我帮您做些什么吗?您感觉好点了吗?您还有其他问题吗?这会打扰您吗?如果不介意的话,我可以……吗?请您讲慢一点好吗?您喜欢……吗?您需要……吗?您能够……吗?

(6)应答语:不客气,没关系。这是我应该做的。照顾不周的地方,请多指正。好的。是的。我明白了。非常感谢。谢谢您的好意。

(7)道歉语:实在对不起,请原谅。打扰您了。失礼了。感谢您的提醒。我们立即采取措施,争取让您满意。对不起,让您久等了。请不要介意。

(8)婉言拒绝语:您提的问题是值得考虑的,多谢您的关心。谢谢您的好意,但是……您提的要求是可以理解的,让我们想想办法,一定尽力而为。先生,很遗憾,我们不能帮您的忙。恐怕不是这样。

3. 常用情境用语。

(1)车门口组织旅客上车时:

早上好!(您好!晚上好!)欢迎乘车,请出示车票!请××号座位的旅客往左边走,××号座位的旅客往右边走!

(2)自我介绍时:

我是×车厢列车员××,随时为您服务,乐意为您效劳。

(3)在车厢内有旅客吸烟时:

您好!这里是无烟车厢,请您到车厢两头的连接处去吸烟好吗,谢谢您配合我们的工作!

(4)需要整理行李架时:

女士(先生),打扰了!我帮您整理一下行李。

(5)有旅客将包挂在衣帽钩上时:

对不起!请将您的包取下来,衣帽钩承重有限,只能挂衣服和帽子,谢谢您的配合!

(6)清理茶几时：

女士(先生)，打扰了！这些东西还需要吗？

(7)查验车票时：

您好！请出示您的车票(和身份证件)，请收好您的车票(和身份证件)，谢谢。

(8)接受旅客投诉或批评时：

感谢您告诉我们，请放心，我们马上处理。我将向列车长报告此事，请接受我们的歉意。

(9)当旅客催促时：

很抱歉，让您久等了。我马上去处理。

(10)不能满足旅客需要时：

非常抱歉，我们这里没有××。

(11)可以满足旅客需要时：

当然可以，先生(女士)。我马上就为您送来。

(12)暂时不能肯定是否能够满足旅客需求时：

如果您能等一会儿，我将尽快给您去找。是的，请允许我××。对不起，让您久等了，这是您要的××。很高兴为您服务。

(13)旅客需要帮助时：

先生(女士)，请慢慢来，请别着急，我来帮助您。

(14)当旅客向你致谢时：

请您不必客气，很高兴为您服务。

(15)当旅客征询你的意见时：

当然可以，先生(女士)。让我来帮助您，请不必客气。是的，当然可以，让我来吧。

(16)当旅客向你致歉时：

不要紧，没关系，这算不了什么。

(17)当不能答应旅客要求时：

很抱歉，我们不能这么做，这是违反规定的。非常抱歉，按照铁路有关规定只允许这么做，请您理解。

(18)要中断与旅客谈话时：

实在对不起，先生(女士)。列车快进站了，我先去准备了。

(19)要打断旅客谈话时：

对不起，打扰你们谈话了。我可以占用您一点时间吗？先生(女士)。

(20)处理错误过失时：

很抱歉，可能出了差错。确实很抱歉，我马上去查清情况，给您一个满意的答复。

(21)当列车晚点旅客情绪波动时：

很抱歉，列车因××原因晚点(晚点原因不明时为“因故”)，目前已晚点××，开车时间尚未确定，一有消息我们会及时通知您的，请您谅解。

(22)当有旅客在洗脸间将食物残渣倒入洗脸盆时：

您好！茶渣、方便面渣请不要倒在洗脸盆内，以免堵塞管道，给您洗漱带来不便。请倒在垃圾箱内，谢谢您配合我们的工作。

(23)遇站台地面严重冰冻或雨天时：

您好！车梯站台湿滑，请您抓好扶手，注意脚下(同时做好搀扶工作)。

(24)有旅客在车内随地扔果皮时：

您好！请您将杂物放在茶几上的果皮盘中，我马上帮您清理，谢谢。

(25)清扫卫生需旅客配合时：

您好，请您抬抬脚(请您将行李挪一下好吗)，我将这里给您擦干净。谢谢。

(26)到站车门立岗与旅客道别时：

请慢走！请小心脚下！欢迎您再次乘车！再见！

(27)当车内个别旅客大声喧哗影响其他旅客时：

女士(先生)，抱歉，请您小声一点，以免影响其他旅客休息。

(28)遇到聋哑旅客乘车时：

记住旅客的座位、到站，可使用笔和纸等用书面形式与旅客交流。注意为其及时补水、送餐、提醒到站。服务中，主动学习一些简单手语与旅客交流。

(29)车厢内有小朋友来回跑动，不安全时：

女士/先生您好，运行中列车晃动，车厢内的设施设备也比较多，小朋友在车内跑动不安全，请照看好您的孩子，以免发生意外，感谢您的配合！

4. 服务用语中的“忌语”。

(1)与旅客交流中的“四不讲”：不尊重对方的语言不讲；不友好的语言不讲；不客气的语言不讲；不耐烦的语言不讲。

(2)提问的注意事项：

①问的要简单(不要问的过于复杂和专业)。

②不要连续发问(会给人一种被质问的感觉)。

③不该问的不问(一般情况下有七不问：年龄、婚姻、收入、住址、经历、信仰、身体)。

(3)服务用语中的“忌语”：“没有了”“供应完了”“没办法”“这不关我的事”“这是其他部门的事，与我们没关系”“你去告好了”“我不知道”“我忙不过来”“你想干什么”。在交谈中决不能出现的用语：粗话、脏话、黑话、荤话、怪话、气话。

(三)不同重点旅客的服务要求

1. 使用残疾人车旅客的服务。

(1)服务要求：

①首先问候，自我介绍，询问需要什么帮助(注意姿势，最好降低身位)。

②人手不足时，请求周围旅客协助。

③从旅客上车到途中以及下车，必须照顾周到。

④上车后，安放好座椅，折叠好轮椅，放在无旅客通行的场所，保管好。

(2)注意事项：

①轮椅可以拿、握的位置一定事先要向旅客、护理人咨询。

②帮助坐轮椅的乘客时，在确保乘客安全的同时，也不要弄伤自己。

③上车时，前轮向前，下车时后轮向前。轮椅与列车成直角上车。

④注意站台与车辆间的间隙、台阶等高度差。

⑤进入车厢，放置时一定要将轮椅制动好。

2. 盲人旅客的服务。

(1)服务要求:

①首先问候,自我介绍(例如,“您好！我是本次列车列车长/我是本车厢列车员,有什么需要请随时与我联系。”)

②询问旅客去哪里,需要什么样的帮助。

③指引盲人时,应事先说明以消除乘客不安。

④指引盲人时,方式方法要恰当合理。

(2)注意事项:

①在与盲人旅客打招呼之前不能碰触旅客的身体,并且一定要面带笑容。

②引导方式分护肩和牵肘,一定先询问旅客希望怎么做。

③指引方向、方位时,应以盲人旅客所在之位置与方向作为说明的基准,如以旅客为基准告诉他左边或右边。在距离方面以米或步伐为单位。不能用“那头”“这儿”等说辞。

④特殊用途之物品,应协助其使用方便,并引导其自行操作一遍。

⑤引导就座时,应协助盲人旅客的手碰触椅背、扶手及桌沿,以使其了解座位之环境。避免从后面带引盲人旅客。

3. 语言或听力障碍乘客的服务。

(1)服务要求:

①首先问候,自我介绍(方式一般有手语、书写等)。

②询问需要什么帮助(注意方式,一般用手语、书写等),提供相应帮助。

(2)注意事项:

①打招呼时,要理解和尊重他们,眼睛要正视对方,面带微笑。

②如果不懂手语,不要乱打手势,以免造成误解和误会。

(四)首问首诉负责制

1. 首问首诉负责制的基本原则。

(1)旅客列车所有客运工作人员均是旅客首问首诉责任人,对旅客问询和投诉的全过程负责。凡遇旅客投诉和询问时,首先接受询问和投诉的列车工作人员均不得以不知道或不了解为借口相互推诿扯皮。

(2)受理旅客问询、投诉时,准确解答旅客问询,及时、妥善处理旅客投诉。

(3)接受旅客问询、投诉时,要坚持“以人为本、旅客至上”的原则,认真接待好每一位旅客的问询和投诉,帮助旅客解决实际困难和问题。

2. 首问首诉负责制工作标准。

(1)接待旅客询问时,列车乘务工作人员要使用文明用语,热情大方,态度和蔼。禁止在接待旅客询问和投诉时使用“不知道”“不清楚”“不了解”以及“你去问他人”等违背首问首诉制要求的语言。

(2)在回答不属于本岗位范畴内或不清楚的问题时,首问首诉责任人应向其他列车工作人员问明情况后予以答复,必要时可将旅客引导给列车长,由列车长给予解答。遇特殊情况也可在请求上级后予以答复,确保旅客满意。

(3)列车长定时定点接待旅客问询、投诉,并向旅客公告接待时间、位置,列车长要认真受理旅客问询和投诉。旅客问询和反映的问题,能及时回答和处置的要立即妥善解决;对当时无法答复和处置的要留下旅客的联系方式，并及时向上级汇报，予以答复。

第四节　《铁路技术管理规程（普速铁路部分）》相关知识

一、技术设备

1. 铁路线路的分类：分为正线、站线、段管线、岔线、安全线及避难线。

（1）正线是指连接车站并贯穿或直股伸入车站的线路。

（2）站线是指到发线、调车线、牵出线、货物线及站内指定用途的其他线路。

（3）段管线是指机务、车辆、工务、电务、供电等段专用并由其管理的线路。

（4）岔线是指在区间或站内接轨，通向路内外单位的专用线路。

（5）安全线是为防止列车或机车车辆从一进路进入另一列车或机车车辆占用的进路而发生冲突的一种安全隔开设备。

（6）避难线是在长大下坡道上能使失控列车安全进入的线路。

2. 轨距的定义和标准：轨距是钢轨头部踏面下 16 毫米范围内两股钢轨工作边之间的最小距离。直线轨距标准为 1 435 毫米。

3. 旅客列车停靠的高站台边缘距线路中心线的距离为 1 750 毫米，安全标线距站台边缘 1 000 毫米。

非高站台安全标线与站台边缘距离为：列车通过速度不大于 120 千米/时，1 000 毫米；列车通过速度 120 千米/时以上至 160 千米/时，1 500 毫米；列车通过速度 160 千米/时以上至 200 千米/时，2 000 毫米。也可在距站台边缘 1 200 毫米（困难条件下 1 000 毫米）处设置防护设施。

4. 车辆按用途的分类：客车、货车及特种用途车（如试验车、发电车、轨道检查车、检衡车等）。

5. 旅客列车及生产生活用水的标准：须进行净化消毒处理；固定动力锅炉用水应进行炉外或炉内软水处理。给水站须进行定期水质检测。水质须达到国家规定的标准。

二、行车组织

铁路行车组织工作的原则：必须贯彻安全生产的方针，坚持高度集中、统一领导的原则。运输、机务、车辆、工务、电务、供电、信息、房建等部门要发扬协作精神，主动配合，紧密联系，协同动作，组织均衡生产，不断提高效率，挖掘运输潜力，完成和超额完成铁路运输任务。

1. 全国铁路的行车时刻规定：均以北京时间为标准，从零时起计算，实行 24 小时制。铁路地面固定设备的系统时钟，当具备条件时，应接入铁路时间同步网；不具备条件时，可独立设置卫星授时设备。

2. 列车运行方向的规定。

列车运行，原则上以开往北京方向为上行，反之为下行。全国各线的列车运行方向，以国铁集团的规定为准，但枢纽地区的列车运行方向，由铁路局集团公司规定。列车须按规定编定车次。上行列车编为双数，下行列车编为单数。在个别区间，使用直通车次时，可与规定方向不符。

3. 列车按运输性质的分类和运行等级顺序如下。

(1)按运输性质分类:①旅客列车(动车组列车,特快、快速、普通旅客列车等);②特快货物班列;③军用列车;④货物列车(快速货物班列、快运、重载、直达、直通、冷藏、自备车、区段、摘挂、超限及小运转列车);⑤路用列车。

(2)列车运行等级顺序

列车运行等级顺序原则上按速度等级从高到低排序,同速度等级的列车原则上按以下等级顺序:①动车组列车;②特快旅客列车;③特快货物班列;④快速旅客列车;⑤普通旅客列车;⑥军用列车;⑦货物列车;⑧路用列车。

开往事故现场救援、抢修、抢救的列车,应优先办理。特殊指定的列车或列车种类,其等级应在指定时确定。

4. 动车组以外的列车中相互连挂的车钩中心水平线的高度差,不得超过 75 毫米。

三、列车运行

(一)列车的定义

列车是指编成的车列并挂有机车及规定的列车标志。动车组列车为自走行固定编组列车。

(二)紧急制动阀的使用时机和方法

1. 使用时机。

车辆乘务员、客运乘务组等列车乘务人员发现下列危及行车和人身安全情形时,应使用紧急制动阀(紧急制动装置)停车:

(1)车辆燃轴或重要部件损坏;

(2)列车发生火灾;

(3)有人从列车上坠落或线路内有人死伤;

(4)其他危及行车和人身安全必须紧急停车时。

2. 使用方法。

使用车辆紧急制动阀时,不必先行破封,立即将阀手把向全开位置拉动,直到全开为止,不得停顿和关闭。遇弹簧手把时,在列车完全停车以前,不得松手。在长大下坡道上,必须先看制动主管压力表,如压力表指针已由定压下降 100 千帕时,不得再行使用紧急制动阀(遇折角塞门关闭时除外)。

动车组列车遇上述情况时,随车机械师、客运乘务组等列车乘务人员应立即报告司机采取停车措施;来不及报告时,应使用客室紧急制动装置停车。

列车乘务人员应将使用紧急制动阀(紧急制动装置)的情况报告司机。

四、信号显示

1. 铁路信号的分类:铁路信号分为视觉信号和听觉信号。

视觉信号的基本颜色:红色——停车;黄色——注意或减低速度;绿色——按规定速度运行。

听觉信号:号角、口笛、响墩发出的音响和机车、自轮运转特种设备的鸣笛声。听觉信号长声为 3 秒,短声为 1 秒,音响间隔为 1 秒。重复鸣示时,须间隔 5 秒以上。

2. 机车、自轮运转特种设备作业中提示注意、相互联系等应使用通信设备方式。遇联系不通或危及行车人身安全时，应采用鸣笛方式。机车、自轮运转特种设备鸣笛鸣示方式见表 1-2。

表 1-2　机车、自轮运转特种设备鸣笛鸣示方式

名　称	鸣示方式	使　用　时　机
注意信号	一长声 —	接近鸣笛标、行人时
退行信号	二长声 — —	列车、机车车辆、单机开始退行，遇通信设备联系不通时
召集信号	三长声 — — —	要求防护人员撤回，遇通信设备联系不通时
牵引信号	一长一短声 — ·	途中本务机车要求补机牵引运行，遇通信设备联系不通时（补机应以同样信号回答）
惰行信号	一长二短声 — · ·	本务机车要求补机惰力推进或要求补机断开主断路器，遇通信设备联系不通时（补机应以同样信号回答）
途中降弓信号	一短一长声 · —	电力机车双机牵引中，本务机车司机要求补机降下受电弓，遇通信设备联系不通时（补机须以同样信号回答）
途中升弓信号	一短二长声 · — —	电力机车双机牵引中，本务机车司机要求补机升起受电弓，遇通信设备联系不通时（补机须以同样信号回答）
呼唤信号	二短一长声 · · —	1. 机车要求出入段，遇通信设备联系不通时 2. 在车站要求显示信号，遇通信设备联系不通时
警报信号	一长三短声 — · · ·	发现线路有危及行车安全的不良处所时
试验自动制动机及复示信号	一短声 ·	1. 试验制动机开始减压，遇联系不通时 2. 接到试验制动结束的手信号，回答试风人员，遇联系不通时 3. 调车作业中，表示已接受调车长所发出的手信号，遇联系不通时
缓解及溜放信号	二短声 · ·	1. 试验制动机缓解，遇联系不通时 2. 要求列车乘务组缓解人力制动机，遇通信设备联系不通时 3. 复示溜放调车信号，遇通信设备联系不通时
拧紧人力制动机信号	三短声 · · ·	1. 要求列车乘务组拧紧人力制动机，遇通信设备联系不通时 2. 要求就地制动，遇通信设备联系不通时
紧急停车信号	连续短声 · · · · · · · ·	司机发现（或接到通知）邻线发生障碍，向邻线上运行的列车发出紧急停车信号时。邻线列车司机听到此种信号后，应紧急停车

第五节　服务礼仪

中国是礼仪的国度，中华民族是礼仪之邦，中国人素以彬彬有礼而著称于世。中华民族的礼仪文化是几千年灿烂辉煌传统文化的重要组成部分。在中华民族连绵不绝的历史长河中，礼仪文化蕴藏着积淀深厚的文化内涵。中国的礼仪文明作为中国传统文化的重要组成部分,对中国社会的历史发展进程起到了广泛而深远的影响。其内容的博大丰富、其寓意的广博深刻、其所及范围的深入广泛,无不渗透于历代社会形态的方方面面。在当今提倡社会主义精神文明建设的和谐社会,立足传统,在吸收传统民族文化精华,使传统礼仪文明古为今用的同时,与时俱进、兼收并蓄,建设具有中国特色的现代化礼仪文明有着极其深远的现实意义。

乘务工作是铁路运输服务中面对旅客服务的窗口,它直接代表着中国铁路的形象。在激烈的市场竞赛中,乘务员服务质量的好坏,是影响旅客列车服务质量的重要因素。

乘务员在列车上不但要为旅客提供热情周到的服务,更重要的是提供列车上安全的保证。乘务员的言谈举止、服务态度是旅客乘坐列车的第一印象,在一定程度上体现了铁路运输的服务水平。乘务员只有提高自身文化修养,掌握丰富的专业知识和服务技巧,努力学习掌握不同旅客的不同服务需求及心理特点,才能做好乘务工作。

一、仪容

遵循的原则是:整洁大方、着装一致、气质高雅、精神饱满。

仪容主要包括列车乘务人员的容貌、举止、姿态、风度等。在和旅客的日常交往中,列车乘务员的仪容最直接地呈现在旅客面前,不但会引起旅客的特别关注,而且可以影响到旅客对铁路的整体评价。在某种程度上,仪容也是铁路职工的道德修养、文化水平、审美情趣和文化修养的外在表现,直观地反映出他的审美趣味和企业文化。着装得体、举止恰当,不仅能赢得旅客的信赖,给人留下良好的印象,而且还能够提高与人交往的能力,相反,着装不当、举止不雅,不但会降低自己的身份,还会损害铁路的企业形象。由此可见,仪容是一门艺术,它既要讲究协调、色彩,也要注意场合、身份;同时它又是铁路企业文化和铁路企业形象的具体体现。

乘务人员值乘时,应按规定穿着制服,统一换装,帽徽和职务标志佩戴一致,服装干净,衣扣、领带、领结整齐;值乘时佩戴统一胸章,佩戴位置为左胸上方平衡端正。

发型要求做到美观大方,男发长度不过耳领,女发不过肩;不染异色发,头发梳理服帖,不蓬乱。女乘务员应该淡妆上岗,不得浓妆艳抹,必须补妆时,不在旅客面前补妆;男乘务员不留胡须。

乘务组换装统一,衣扣拉链整齐。着裙装时,丝袜统一,无破损。系领带时,衬衣束在裙子或裤子内。外露的皮带为黑色。佩戴的外露饰物款式简洁,限手表一只、戒指一枚,女性还可佩戴发夹、发箍或头花及一副直径不超过 3 毫米的耳钉。不歪戴帽子,不挽袖子和卷裤脚,不敞胸露怀,不赤足穿鞋,不穿尖头鞋、拖鞋、露趾鞋,鞋的颜色为深色系,鞋跟高度不超过 3.5 厘米,跟径不小于 3.5 厘米。

乘务员在接班前和工作中禁止吃葱、生蒜等有异味的食品。

二、行为举止

1. 站姿。

遵循的原则:面朝旅客、精神饱满、表情自然、面带微笑。

标准站姿要求乘务员在站立时挺胸收腹,两肩平衡,身体自然挺直,双臂自然下垂,手指并拢贴于裤线上,脚跟靠拢,脚尖略向外张呈“V”字形。女性可双手四指并拢,交叉相握,右

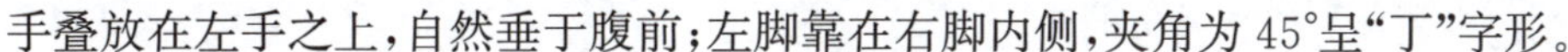

手叠放在左手之上，自然垂于腹前；左脚靠在右脚内侧，夹角为45°呈“丁”字形。

2. 坐姿。

遵循的原则：自然平稳、端庄文雅、面带微笑。

乘务员入座时，女性裤装入座时，双膝、双脚并拢，双手五指并拢自然放在腿上。男性入座时，双脚略分开，膝关节分开与肩同宽，双手五指伸直或轻握拳放在双腿之上。值乘中在乘务室坐下休息时，遇旅客问询，应该起身回答，非特殊情况不得在旅客的座席、卧铺落座。

3. 行姿。

遵循的原则：精神饱满、自然平稳、脚步轻盈、庄重大方。

行走时要求做到挺胸、收腹、沉肩；双手自然摆动，身体重心略向前倾；低抬腿，轻落步，双肩并齐，表现精神饱满，有朝气；姿态端正，步伐适中，轻重适宜。在旅客多的地方先示意后通行；与旅客走对面时，主动让路，面向旅客侧身让行，不与旅客抢行。列队出（退）勤时，按规定线路行走，步伐一致；多人行走时，两人成排，三人成列，女性在前，男性在后；携带箱包行走时，队列整齐，箱（包）在同一侧。为旅客引领时，应走在旅客前方1米左右，随时注意旅客是否跟上；到达座、铺位时轻轻转身，面向旅客，用右手或左手指示座、铺位的位置，略欠身旅客就座，左手或右手自然放在身体前；走路遇迎面旅客时，应侧身礼让；因为工作需要必须超越旅客时，要礼貌致歉。

4. 蹲姿。

遵循的原则：半腿弯曲、动作轻缓、文雅大方。

工作中需要下蹲时，下蹲时，一腿在前一腿在后，双脚并拢，腿高一侧的手轻扶在膝盖上，腿低一侧的手用来取拾物品，背部尽量保持自然挺直，轻蹲轻起，直蹲直起。

5. 手势。

遵循原则：手势正确、动作优美、自然轻盈。

手势要求动作正确，易于理解，配合语言，幅度适当。使用手势时，应尊重旅客风俗习惯。指引较远方向时，采用直臂式指引，指引时手掌伸直，五指自然并拢，掌心斜向上方，手与前臂成直线。较近距离时采用曲臂式指引，指引时大小臂的弯曲以140°为宜。忌用单个手指指示方位。做手势时要配合眼神、微笑，身体要平稳，配合语言使用。

第二章　专业知识

第一节　乘务作业标准及程序

一、硬座车厢列车员客运服务工作标准

(一)始发准备作业

1. 准备作业

(1)工作内容

①按规定时间参加学习，听取列车长传达文件精神及上趟乘务工作总结、本趟乘务工作布置，参加业务培训。

②人容着装、职务标识标准，列队按走行径路上车。

(2)工作标准

①准时到达，遵守学习纪律，做好学习记录，任务明确。

②人容着装整洁，职务标识佩戴规范。按规定径路行走，做好防护。

2. 接车作业

(1)工作内容

①按规定时间与保洁人员办理好交接手续。

②对车内进行一次全面检查，发现车辆设备设施故障时应及时报告列车长。

③发现备品丢失、损坏时及时向列车长汇报，进行更换补齐。

(2)工作标准

①交接认真，仔细清点，手续完备，做好记录。

②检查全面认真，对隐蔽部位检查到位，车辆设备作用良好。

③工具、备品齐全完整有效。

3. 库内作业

(1)工作内容

①整理车容，锁好车门，关闭车窗，锁闭厕所。

②对车内卧具、备品及业务资料进行整理，并定位摆放。

③首(尾)列车员检查防护栏固定加锁情况。

④对本车厢保洁整备质量进行检查验收，对未达标的，督促和协助保洁人员补强。接受列车长出库卫生鉴定。

(2)工作标准

①确保车(窗)锁闭，集便式厕所吸污时或未供电时锁闭厕所，其他时间不锁闭厕所。揭示牌干净正确，全列一致。

②备品齐全，定位摆放，按标准验收，质量达标。

③确保固定牢固，加锁锁闭。

④车厢内外各部位卫生，确保整洁，窗明几净，四壁无尘，物见本色。

（二）始发作业

1. 开门立岗

（1）工作内容

①车底调入站台，擦刷靠站台一侧车门扶手、区间牌。

②各车厢按照统一时间和广播通知，打开车门，高站台摆放安全渡板、安全警示带，面向旅客放行方向立岗（高站台时不背对车厢连接处立岗），迎接旅客。

（2）工作标准

①扶手、区间牌擦抹干净。

②立岗准时统一。立岗姿势端正，表情自然。

2. 组织旅客上车

（1）工作内容

①立岗列车员做好车门实名制验票验证，查堵危险品，帮助重点旅客上车。

②车内列车员引导旅客对号入座，安排重点旅客到座，帮助摆放行李物品，整理行李架。

（2）工作标准

①防止旅客误乘，做好车门口验证，防止无票人员上车；防止危险品上车，做好扶老携幼工作，防止旅客摔伤。

②秩序良好，整理行李架时使用脚踏垫，行李物品摆放牢固、整齐。整理行李时注意自身安全。遇大客流等特殊情况，根据列车长安排双开车门组织旅客上车。

（三）始发站开车作业

1. 车门管理

（1）工作内容

①铃响站线，铃止上车（高站台作业应收取安全警示带和安全渡板后上车），放下脚踏板，清理过道旅客和行李，为关闭车门留出空间（塞拉门应关闭车门），在脚踏板处站立，车动锁门，面向站台致注目礼。

②列车出站台，检查瞭望值乘区域车门，开厕所，核对水位，站交录入车厢给水情况。

（2）工作标准

①作业动作和站立位置统一，出站离岗。

②车门自检互检落实到位，厕所开启及时，消灭旅客跳、坠车事故，不漏锁车门，确保安全。认真核对水位，站交录入车厢给水情况。

2. 安排整理

（1）工作内容

①安排重点旅客、帮助摆放行李物品

②带垫布整理行李架、毛巾绳、衣帽钩。

（2）工作标准

①帮助重点旅客入座（席），做好重点服务。

②行李架物品摆放牢固、整齐，做到大不压小、重不压轻，铁器、锐器、玻璃制品、竿状物品不放在行李架上，行李架、毛巾绳、衣帽钩整齐。

3. 卫生清扫

(1)工作内容

扫拖地板、通过台、连接处，擦抹洗脸间。

(2)工作标准

地面干净，无垃圾，无积水。使用抹布，清洁用具使用后隐蔽定位。

4. 始发通告

(1)工作内容

根据列车广播统一指挥，进行始发安全宣传、车内设施介绍通告。

(2)工作标准

姿势端正，语言清晰，声音洪亮，表情自然，用语规范。

5. 送水登记

(1)工作内容

①为有需求的重点旅客送水。

②访问旅客，掌握到站。

(2)工作标准

①送水时站稳、接杯，不接满，以防烫伤。

②根据站车交互系统核对席位，对“未进检”旅客进行补验，仔细核对各类减价票及乘车证件，做好席位调整，对重点旅客在系统中进行标注。

6. 安全宣传检查

(1)工作内容

①向旅客进行旅行安全常识宣传。

②做好严禁携带危险品乘车及查堵工作和无烟车厢宣传工作。

③查堵危险品。

(2)工作标准

①按规定做好宣传工作。

②认真宣传、查堵，处理及时，切实做好防火防爆和旅客人身伤害事故卡控及无烟车厢宣传。

③按规定做好危险品查堵。

(四)途中作业

1. 运行中作业

(1)工作内容

①运行中做到：拖(拖地面)、宣(宣传旅行安全常识)、抹(抹三间四壁、茶几)、访(访问重点旅客)、送(为有需求的重点旅客送开水)。

②运行中车厢管理做到眼勤(勤观察)、嘴勤(勤宣传)、腿勤(勤巡视)、手勤(勤检查)，发现问题及时按章妥善处理。

③锁闭车窗(空调列车空调故障需通风时，可运行方向左侧(非会车侧)车窗，并做好防抛物宣传)，加强巡视。

④非空调列车在进入动车运行区段前，必须全部锁闭运行方向右侧车窗，加强安全宣传，及时回收废弃物，列车员须在车内不间断巡视。

⑤随时掌握车内旅客情况，做到心中有数。接受旅客询问，落实首问首诉负责制。

⑥协助列车长办理旅客补票业务。协助列车长按照实名制的要求，查验身份证件。

(2)工作标准

①车厢保持整齐，温度适宜，体感舒适，原则上保持冬季 18 ℃～20 ℃，夏季 26 ℃～28 ℃，做到随脏随扫，及时冲刷厕所，达到“三无”，即：无异味、无粪便、无积水。

②加强车内巡视，确保秩序良好，安全平稳受控。

③乘务室离人加锁，清洁柜加锁。动车组运行区段车窗锁闭良好(空调列车在空调正常作用时，锁闭全部活动车窗)，防止抛物工作落实到位，废弃物回收及时。空调故障需通风，特殊情况须打开右侧车窗通风时，列车员必须在车厢内现场监控。

④空调列车凡空调正常作用时，必须锁闭全部活动车窗。加强宣传，加强巡视，确保非空调列车进入动车区段前，运行方向右侧车厢必须全部锁闭到位。

⑤接待旅客热情，解答问询耐心，处理问题稳妥。

⑥票、证、人不一致的，视为车票无效，立即报告列车长处置。

2. 到站前作业

(1)工作内容

①到站前六项基本作业：整(整理三线)、扫(清理果皮盘、清扫地面)、报(通报站名和停站时间)、带(把重点旅客引导至车门口)、锁(冲刷后锁闭厕所，集便式厕所除外)、核(核对水位)。

②清理垃圾箱(桶)，垃圾装袋扎口，到站按规定交站处理。按规定位置摆放。

③预留车厢进行预留座位宣传，提前到岗。

(2)工作标准

①三线整齐，卫生达标，厕所冲洗干净，宣传组织，及时到岗，杜绝旅客误降。维护预留车厢秩序，给水登记填记无误。

②垃圾袋按规定扎口，交站。

③做好双通告，加强宣传。

3. 停站时作业

(1)工作内容

①到达客办站时五项基本作业：开(车停稳开门)、抹(抹扶手)、宣(门岗安全宣传及查堵“危险品”)、看验(看验票上车)、扶(扶老携幼)。

②垃圾袋扎口，包装完好，旅客乘降完毕按规定交站，放在站台指定地点。

③高站台须使用安全渡板及安全警示带。

④铃响站线，铃止上车，放下脚踏板，清理过道旅客和行李，为关闭车门留出空间(塞拉门应关闭车门)，车动锁门，面向站台行注目礼。

(2)工作标准

①验证上车，乘降有序，杜绝无关人员上车，防止旅客摔伤、挤伤，防止旅客漏乘、上错车，保证旅客安全。

②垃圾袋扎口，按指定位置交站。

③安全渡板及安全警示带用后定位存放。

④车站开车铃声结束、旅客乘降完毕后上车放下脚踏板，在车门口值守做好关门准备（塞拉门应关闭车门），车动关闭车门；消灭旅客跳、坠车，不漏锁车门，确保安全。

4. 开车后作业

(1)工作内容

①开车后六项基本作业：锁（锁闭车门）、开（开厕所，集便式厕所除外）、检（检查值乘区域车门）、安（安排重点旅客座位和行李）、整（整理行李架、衣帽钩、毛巾绳、头巾片）、核（核对水位，在站车交互系统中录入给水情况）。

②宣传旅行常识，通告下站站名及到开时刻，宣传卫生保洁、不向窗外乱扔废弃物和不准在车厢内吸烟，解答问询。

③为重点旅客做好重点照顾。

(2)工作标准

①锁闭车门，检查值乘区域车门，妥善安放旅客行包、不堵塞车门、通道、洗脸间。对待旅客文明礼貌，态度和蔼，宣传解答耐心，保持车内整洁，干净，温度适宜，体感舒适，原则上保持冬季 18 ℃～20 ℃，夏季 26 ℃～28 ℃。认真核对水位，规范填记给水登记。发现问题及时报告列车长。

②落实双通告，加强安全宣传，落实首问首诉。

③重点旅客，重点服务。

5. 夜间作业

(1)工作内容

①掌握旅客去向，向重点旅客介绍注意事项。

②宣传夜间乘车安全注意事项。

③开半灯前扫拖地面，擦抹茶桌窗台。为重点旅客送水。

④加强重点区间巡视，查看车厢旅客状况，发现问题，妥善解决。

⑤清扫整理乘务室、厕所、洗脸间、通过台等部位，进行卫生死角突击。

⑥到站前提醒旅客下车、防止误降，并看管好自己财物。

(2)工作标准

①站车交互系统仔细登记重点旅客事项。

②宣传及时，巡视认真。

③夜间运行时，硬座车照明开关置于半灯位，洗面开关置于开位。落实夜间无干扰服务。

④加强巡视，发现问题立即报告列车长。

⑤卫生突击达标。

⑥加强安全宣传，防止旅客误降。

6. 清晨作业

(1)工作内容

冲刷厕所。擦抹洗脸池、面镜、茶桌、窗台，扫拖地面、通过台、连接处。整理窗帘、衣帽钩、行李架物品。调节车内空气，宣传节约用水。

(2)工作标准

开水供应充足。卫生车容恢复迅速，整齐，卫生擦抹。洗脸间、厕所、连接处保持干燥。

7. 开餐时作业

(1)工作内容

①加强车内卫生清扫。

②做好开水供应。

③及时回收盒饭餐具。

(2)工作标准

①坚持供餐时间不坐乘务室,加强车内巡视,协助服务员售饭,并确保卫生干净。

②开水供应充足。

③及时清理,垃圾袋更换及时。

8. 交接班作业

(1)工作内容

①交接班前全面清扫,整理车容。

②交接重点旅客。对车内旅客携带的硬质物品、设备设施状况及备品进行交接,在站车交互系统中填记交接情况。

③排队交接班,列车长传达有关事项。

(2)工作标准

①车容整洁,卫生达标。卫生干净,备品齐全定位,交接清楚,队列整齐。

②交接认真,清楚,站交交接事项填记规范。

③队列整齐,认真听记。

(五)折返站作业

1. 组织旅客下车

(1)工作内容

①进站提前到岗,面向站台致注目礼,停稳开门,高站台使用安全渡板和安全警示带,帮助重点旅客下车。

②垃圾袋按规定交站处理。

(2)工作标准

①及时到岗,姿势端正,安全渡板摆放平稳,安全警示带挂放规范,扶老携幼,防止旅客摔伤。

②垃圾袋扎口,按指定位置交站。

2. 停留作业

(1)工作内容

①检查车厢。检查旅客遗失物品,发现遗失物品交列车长处理,对列车隐蔽部位进行排查。

②按规定守车并注意人身安全。

③在规定时间按出库整备质量标准检查验收,对未达标准的,督促和协助保洁人员弥补。

④做好卫生收尾工作,接受列车长卫生鉴定。按时参加折返站出乘会,听取列车总结单程工作,布置返程工作要求。出库前检查车门是否锁闭良好。

⑤车体调入站台停稳后,擦刷靠站台一侧车门扶手、区间牌。

⑥安排入住公寓的,集合排队到公寓休息,按照规定径路行走,在公寓期间严格遵守两

纪纪律及公寓管理制度。

(2)工作标准

①及时上交遗失物品。坚守岗位,严格纪律,消灭被盗及意外事故,列车垃圾桶、电茶炉、暖气罩、洗脸间、乘务室等隐蔽部位卫生清理彻底无安全隐患。

②在岗在位,杜绝两违。

③地面干净无垃圾,四壁无灰尘,窗台、茶桌无杂物,洗脸池、便器洁净,厕所无粪便。落放车窗,挂摆窗帘,揭示牌全列一致。备品齐全,隐蔽定位。

④卫生及时补强;准时到达,遵守纪律,做好记录,任务明确;车门锁闭。

⑤集便式厕所吸污时或未供电时锁闭厕所,其他时间不锁闭厕所。扶手、区间牌干净。

⑥严格遵守公寓管理制度,不得饮酒、赌博、私自外出,保证休息,精力充沛。

(六)终到站作业

1. 到站前作业

(1)工作内容

①休班列车员按规定时间起床,与当班列车员共同进行卫生清扫。做好到站前的各项准备工作。

②终到前10分钟冲洗锁闭厕所。

③提前组织重点旅客到车门口等候下车。

(2)工作标准

①卫生达标,做到"三不带"(粪便、垃圾、污水)。

②锁闭及时。

③下车旅客组织有序。

2. 组织旅客下车

(1)工作内容

①进站提前到岗,面向站台致注目礼,停稳开门(高站台使用安全渡板和安全警示带),帮助重点旅客下车。

②垃圾袋按规定交站处理。

(2)工作标准

①及时到岗,姿势端正,安全渡板摆放平稳,安全警示带挂放规范,防止旅客摔伤。

②垃圾袋扎口,按指定位置交站。

3. 终到检查

(1)工作内容

终到当班列车员检查车厢。检查旅客遗失物品,发现遗失物品交列车长处理。对列车隐蔽部位进行仔细排查工作。

(2)工作标准

及时上交遗失物品。列车垃圾桶、电茶炉、暖气罩、洗脸间、乘务室等隐蔽部位卫生清理彻底无安全隐患。

4. 整理备品

(1)工作内容

清理车厢备品,及时报告列车长备品丢失、损坏情况。

(2)工作标准

①备品、服务设施清理全面,无漏项。

②备品齐全,定位存放,及时报告。

5. 终到交接

(1)工作内容

①与保洁人员办理卧具、备品交接手续。

②发现车辆设备故障等问题时,及时报告列车长。

(2)工作标准

①交接手续完备,无信用交接。

②发现问题,及时报告。

6. 退乘

(1)工作内容

与保洁人员交接完毕后,锁闭好车门,在指定车厢车门处下车,统一集合列队点名,听取列车长传达上级指示精神及总结趟乘务工作。排队出站。

(2)工作标准

车门锁闭到位,仪容整洁,列队整齐,认真听记。

二、硬卧车厢列车员客运服务工作标准

(一)始发准备作业

1. 准备作业

(1)工作内容

①按规定时间参加学习,听取列车长传达文件精神及上趟乘务工作总结、本趟乘务工作布置,参加业务培训。

②人容着装、职务标识标准,列队按走行径路上车。

(2)工作标准

①准时到达,遵守学习纪律,做好学习记录,任务明确。

②着装整洁。按规定行走,做好防护。

2. 接车作业

(1)工作内容

①按规定时间与保洁人员办理好卧具、备品交接手续。

②对车内进行一次全面检查,发现车辆设备设施故障时应及时报告列车长。

③发现卧具、备品丢失、损坏时,及时向列车长汇报,进行更换补齐并签字确认。

(2)工作标准

①卧具、备品齐全完整有效,交接手续完备。

②检查全面认真,对隐蔽部位检查到位,车辆设备作用良好。

③工具、备品齐全完整有效。

3. 库内作业

(1)工作内容

①整理车容,锁好车门,关闭车窗,挂放芳香球,对坐便器进行消毒并挂消毒标识,摆放

坐便垫圈。锁闭厕所(集便器列车除外)。

②对车内物品进行整理,并定位摆放。

③首(尾)列车员检查防护栏固定加锁情况。

④对本车厢保洁整备质量进行检查验收,对未达标的,督促和协助保洁人员补强。接受列车长出库鉴定。

⑤摆放果皮盘,空调列车乘务室备用水瓶定位摆放。非空调列车暖水瓶灌装开水,定位摆放、方位统一。

⑥按定位标准摆放卧具、备品。

(2)工作标准

①车容整洁,车门(窗)锁闭到位。按规定消毒,坐便垫圈摆放到位。集便式厕所吸污时或未供电时锁闭厕所,其他时间不锁闭厕所。

②确保固定牢固,加锁锁闭。

③车厢内外各部位卫生,确保整洁,窗明几净,四壁无尘,物见本色。按标准验收,质量达标。

④果皮盘、暖水瓶摆放一致,揭示牌干净正确。

⑤备品、卧具齐全,定位存放。

(二)始发作业

1. 开门立岗

(1)工作内容

①车底调入站台,擦抹靠站台侧车门扶手、区间牌。

②各车厢按照统一时间和广播通知,打开车门,高站台摆放安全渡板、安全警示带,面向旅客放行方向立岗(高站台时不背对车厢连接处立岗),迎接旅客。

(2)工作标准

①扶手、区间牌擦抹干净。

②立岗准时统一。立岗姿势端正,表情自然。

2. 组织旅客上车

(1)工作内容

①立岗列车员使用列车手持验票终端认真验证,通告铺位,准确递接(还)。查堵危险品,帮助重点旅客上车。防止闲杂人员上车。

②车内列车员负责在车内做好引导,安排重点旅客到铺位。

③对持乘车证乘车的旅客,认真核对证照。

(2)工作标准

①防止旅客误乘,做好车门口验票,防止无票人员上车;防止危险品上车,扶老携幼,防止旅客摔伤。

②秩序良好,行李物品摆放牢固、整齐。整理行李时注意自身安全。

③根据站车交互系统核对铺位,对“未进检”旅客进行补验,仔细核对各类减价票及乘车证件,做好席位调整,对提前下车和铺位调整以及对重点旅客在系统中进行标注。

(三)始发站开车作业

1. 车门管理

(1)工作内容

①铃响站线,铃止上车(高站台作业应收取安全警示带和安全渡板后上车),放下脚踏板,在脚踏板处站立,(塞拉门应关闭车门),车动锁门,面向站台致注目礼。

②列车出站台,检查瞭望值乘区域车门,开端门、厕所,核对水位,在站车交互系统上登记沿途给水情况。

(2)工作标准

①作业动作和站立位置统一,出站离岗。

②值乘区域车门检查落实到位,厕所开启及时,消灭旅客跳、坠车事故,不漏锁车门,确保安全。及时在站车交互系统中记录上水情况。

2. 安排整理

(1)工作内容

①车厢巡视,核对铺位,掌握重点旅客情况,掌握需要办理补票手续的情况。

②整理车容。

(2)工作标准

①加强巡视,做到心中有数。

②行李架物品摆放牢固、整齐,“三条线”:行李架、毛巾绳、衣帽钩整齐。

3. 卫生清扫

(1)工作内容

扫拖地板、通过台、连接处,擦抹洗脸间。

(2)工作标准

地面干净,无垃圾,无积水。使用抹布,清洁用具使用后隐蔽定位。

4. 始发通告

(1)工作内容

听到列车广播通知时,做始发通告。

(2)工作标准

姿势端正,语言清晰,表情自然,用语规范。

5. 送水

(1)工作内容

向有需求的重点旅客送水。

(2)工作标准

送水时、站稳、接杯,不接满,以防烫伤。

(四)途中作业

1. 运行中作业

(1)工作内容

①运行中做到:拖(拖地面)、宣(宣传旅行安全常识)、抹(抹三间四壁、茶几)、访(访问重点旅客)、送(非空调列车向旅客送开水)。

②运行中车厢管理做到:眼勤(勤观察)、嘴勤(勤宣传)、腿勤(勤巡视)、手勤(勤检查),发现问题及时按章妥善处理。

③锁闭车窗[空调列车空调故障需通风时,可开运行方向左侧(非会车侧)车窗,并做好防抛物宣传],加强巡视。

④非空调列车在进入动车运行区段前,必须全部锁闭运行方向右侧车窗,加强安全宣传,及时回收废弃物,列车员须在车内不间断巡视。

⑤随时掌握车内旅客情况,做到心中有数。接受旅客询问,落实首问首诉负责制。

⑥协助列车长查验证件和空余席位。

(2)工作标准

①车厢保持整齐,温度适宜,体感舒适,原则上保持冬季 18 ℃～20 ℃,夏季 26 ℃～28 ℃,做到随脏随扫,及时冲刷厕所,达到“三无”,即:无异味、无粪便、无积水。

②加强车内巡视,确保秩序良好,安全平稳受控。

③乘务室离人加锁,清洁柜加锁。动车组运行区段车窗锁闭良好(空调列车在空调正常作用时,锁闭全部活动车窗),防止抛物工作落实到位,废弃物回收及时。空调故障需通风,特殊情况须打开右侧车窗通风时,列车员必须在车厢内现场监控。

④加强宣传,加强巡视,确保非空调列车进入动车区段前,运行方向右侧车厢必须全部锁闭到位。

⑤接待旅客热情,解答问询耐心,处理问题稳妥。

⑥发现无票乘车的,立即报告列车长处置。

2. 到站前作业

(1)工作内容

①原则上提前 30 分钟逐一提示到站旅客做好下车准备,告知下车门位置;提醒下车旅客整理物品,做好下车准备;到站前按值乘范围锁闭端门。

②到站前六项基本作业:整(整理三线)、扫(清理果皮盘、清扫地面、抹洗脸间)、报(通报站名和停站时间)、带(带重点旅客到车门口)、锁[冲刷后锁闭厕所(集便器列车除外)]、核(核对水位)。

③清理垃圾箱(桶),垃圾装袋扎口,到站按规定交站处理。按规定位置摆放。

(2)工作标准

①车容卫生达标,三线整齐,提前到岗。到站按规定投放垃圾袋。集便式厕所吸污时或未供电时锁闭厕所,其他时间不锁闭厕所。厕所锁闭时,为特殊情况急需使用厕所的旅客提供方便。在站车交互系统上核对、填记给水。

②垃圾袋按规定扎口,交站。

3. 停站时作业

(1)工作内容

①到达客办站时五项基本作业:开(车停稳开门)、抹(抹扶手)、宣(门岗安全宣传及查堵“危险品”)、验(验票上车)、扶(扶老携幼)。

②垃圾袋扎口,包装完好,旅客乘降完毕按规定交站,放在站台指定地点。

③高站台必须使用安全渡板及安全警示带。

④铃响站线,铃止上车,放下脚踏板(塞拉门应关闭车门),车动锁门,面向站台行注目礼。

(2)工作标准

①验票上车，乘降有序，杜绝无关人员上车，防止旅客摔伤、挤伤，防止旅客漏乘，保证旅客安全。

②垃圾袋扎口，按指定位置交站。

③安全渡板和安全警示带用后定位存放。

④车站开车铃声结束、旅客乘降完毕后上车放下脚踏板，在车门口值守做好关门准备(塞拉门应关闭车门)，车动关闭车门；消灭旅客跳、坠车，不漏锁车门，确保安全。

4. 开车后作业

(1)工作内容

①开车后六项基本作业：锁(锁闭车门)、开(开端门、厕所，集便式厕所除外)、检(自检互检车门)、安(安排上车旅客铺位)、整(整理行李架、衣帽钩)、核(核对水位，及时在站车交互系统中记录上水情况)。

②宣传旅行常识，通告下站站名及到开时刻，宣传卫生保洁、不向窗外乱扔废弃物和不准在车厢内吸烟、按规定使用列车插座充电，解答问询。

③为重点旅客做相应的服务。

④整理和更换下车旅客铺位及卧具，做到一客一换。

⑤遇司机便乘人员乘车，收票、验证，做好便乘登记，加盖已乘章。

(2)工作标准

①锁闭车门，检查值乘区域车门，妥善安放旅客行包、不堵塞车门、通道、洗脸间。对待旅客文明礼貌，态度和蔼，宣传解答耐心，保持车内整洁，干净，温度适宜，体感舒适，原则上保持冬季 18 ℃～20 ℃，夏季 26 ℃～28 ℃。认真核对水位，在站车交互系统上规范记录给水情况。发现问题及时报告列车长。

②落实双通告，加强安全宣传，落实首问首诉。

③重点旅客，重点服务。

④更换整理及时。

⑤认真核对，及时盖章。

5. 夜间作业

(1)工作内容

①关灯前扫拖地面，擦抹茶桌、窗台，清理果皮盘。

②按铺位核对，清理非卧铺车厢人员离开卧铺。预告关灯时间，宣传安全注意事项。

③按规定时间关闭车厢顶灯，开启地灯，闭合窗帘。

④旅客休息后，整理车厢通道和客室。

⑤加强巡视，在车厢边座值岗。

⑥清扫整理乘务室、厕所、洗脸间、通过台，突击卫生死角。

(2)工作标准

①擦抹清理干净，定位摆放。

②掌握旅客下车人数，车内无闲杂人员，保持卧铺安静整洁，勤巡视、重点区段注意旅客动态。工作时注意“三轻”，即“走路，说话，关门要轻”。

③夜间运行时，硬卧车照明开关置于半灯位关闭，开启地灯，洗面开关置于开位。

④车容整洁，尽量避免干扰旅客。

⑤按规定在车厢内巡视、值守。

⑥尽量避免干扰旅客,卫生达标。

6. 清晨作业

(1)工作内容

①冲刷厕所。擦抹洗脸池、面镜、茶桌、窗台,扫拖地面、通过台、连接处。整理窗帘、衣帽钩、行李架物品。调节车内空气,宣传节约用水。

②组织旅客秩序良好的洗漱,为有需求的重点旅客送水等服务。

(2)工作标准

①开水供应充足,车容卫生恢复迅速、整洁,洗脸间、厕所、连接处保持干燥。

②秩序良好,送水时、站稳、接杯,不接满,以防烫伤。

7. 开餐及午休作业

(1)工作内容

①加强车内卫生清扫。

②做好开水供应。

③及时回收盒饭餐具。

④落放窗帘,保证旅客午休。

(2)工作标准

①坚持开餐时间不坐乘务室,加强车内巡视,卫生干净,车容整洁。

②开水供应充足。

③垃圾袋更换及时。

④窗帘落放整齐,车内秩序良好。

8. 交接班作业

(1)工作内容

①交接班前全面清扫,整理车容。

②交接卧铺使用情况(卧铺现有人数,前方停车站下车人数,空余卧铺)。交接重点旅客及列车长交办事项。对车内旅客携带的硬质物品、设备设施状况及备品进行交接,在站车交互系统中准确填记交接内容。

③排队交接班,列车长传达有关事项。

④中途到站前5分钟,终到到站前10分钟冲洗锁闭厕所。

⑤提前组织重点旅客到车门口等候下车。

(2)工作标准

①卫生干净彻底,车容整洁。

②备品齐全定位存放,交接清楚,填记规范,通告规范,队列整齐。

③集便式厕所吸污时或未供电时锁闭厕所,其他时间不锁闭厕所。厕所锁闭时,为特殊情况急需使用厕所的旅客提供方便。

(五)折返站作业

1. 组织旅客下车

(1)工作内容

①进站提前到岗,面向站台致注目礼,停稳开门,(高站台使用安全渡板和安全警示带),

帮助重点旅客下车。

②垃圾袋按规定交站处理。

(2)工作标准

①及时到岗,姿势端正,安全渡板摆放平稳,安全警示带挂放规范,防止摔伤。

②垃圾袋扎口,按指定位置交站。

2. 停留作业

(1)工作内容

①检查车厢。检查旅客遗失物品,发现遗失物品交列车长处理;定位放置卧具、备品。对列车隐蔽部位进行排查。

②按规定守车并注意人身安全。

③督促保洁人员做好车内卫生和卧具更换工作。使用过的卧具与剩余干净卧具分袋分类存放。

④在规定时间按出库整备质量标准检查验收,对未达标准的,督促和协助保洁人员弥补。

⑤整理车容和卧具、备品,挂摆窗帘、果皮盘。

⑥做好卫生收尾工作,接受列车长卫生鉴定。按时参加折返站出乘会,听取列车长总结单程工作,布置返程工作要求。出库前认真检查车门是否锁闭良好。

⑦车体调入站台停稳后,擦刷靠站台一侧车门扶手、区间牌。

⑧安排入住公寓的,集合排队到公寓休息,按照规定径路行走,在公寓期间严格遵守两纪纪律及公寓管理制度。

(2)工作标准

①及时上交遗失物品。坚守岗位,严格纪律,消灭被盗及意外事故。列车垃圾桶、电茶炉、暖气罩、洗脸间、乘务室等隐蔽部位卫生清理彻底无安全隐患。

②在岗在位,杜绝两违。

③卫生干净,卧具更换及时,卧具做到一客一换,卧具完整、清洁、折叠统一,铺放平展,摆放一致,分类定位存放。

④地面干净无垃圾,四壁无灰尘,窗台、茶桌无杂物,洗脸池、便器洁净,厕所无粪便。落放车窗,挂摆水瓶灌装及时。温度适宜,体感舒适,原则上保持冬季 18 ℃～20 ℃,夏季 26 ℃～28 ℃。

⑤窗帘,揭示牌全列一致。备品齐全,隐蔽定位。

⑥卫生及时补强;准时到达,遵守纪律,做好记录,任务明确;车门锁闭。

⑦扶手、区间牌干净。

⑧严格遵守公寓管理制度,不得饮酒、赌博,保证休息,精力充沛。

(六)终到作业

1. 到站前作业

(1)工作内容

①休班列车员按规定时间起床,与当班列车员共同进行卫生清扫,到站前 10 分钟冲洗锁闭厕所。做好到站前的各项准备工作。

②到站前 10 分钟冲洗锁闭厕所。

③提前组织重点旅客到车门口等候下车。

(2)工作标准

①卫生达标,做到“三不带”(粪便、垃圾、污水)。

②厕所锁闭及时。

③下车旅客组织有序。

2. 组织旅客下车

(1)工作内容

①进站提前到岗,面向站台致注目礼,停稳开门,(高站台使用安全渡板和安全警示带),帮助重点旅客下车。

②垃圾袋扎口,按规定交站处理。

(2)工作标准

①及时到岗,姿势端正,安全渡板摆放平稳,安全警示带挂放规范,防止摔伤。

②垃圾袋扎口,按指定位置交站。

3. 终到检查

(1)工作内容

终到检查车厢,发现遗失物品交列车长处理。对列车隐蔽部位进行排查。

(2)工作标准

及时上交遗失物品。列车垃圾桶、电茶炉、暖气罩、洗脸间、乘务室等隐蔽部位卫生清理彻底无安全隐患。

4. 终到交接

(1)工作内容

①与保洁人员办理卧具、备品交接手续。

②发现车辆设备故障等问题时,及时报告列车长。

③发现卧具、备品丢失、损坏时,及时向列车长汇报,开具记录与保洁人员办理交接并签字确认。

(2)工作标准

①交接手续完备,签字确认。

②车辆设备故障问题记载仔细,交接清楚。

③备品齐全,定位存放,及时报告。交接手续完备,无信用交接。

5. 退乘

(1)工作内容

与保洁人员交接完毕后,锁闭好车门,在指定车厢车门处下车,统一集合列队点名,听取列车长传达上级指示精神及总结趟乘务工作。排队出站。

(2)工作标准

仪容整洁,列队整齐,认真听记。

第二节　乘务组相关知识

一、乘务组的组成

1. 普通旅客列车乘务组由客运、车辆、公安乘务人员组成。列车的乘务工作由列车长统一领导，车辆、公安乘务人员按照各自的职责规定，配合列车长共同搞好乘务工作。

2. 客运（列车）段应根据具体情况，制定各次列车的作业过程，并建立以岗位责任制为中心的各项管理制度。

3. 列车乘务（包乘、轮乘）制度的确定，应有利于服务质量的提高，车辆设备的保养及劳力合理使用。

4. 列车乘务员工时计算，按列车实际运行时间，另加出、退勤、双班作业、库内清扫、看车时间计算。

二、乘务组工作

乘务组的主要工作包括：

1. 使车内经常保持整齐清洁、设备良好、温度适宜、照明充足；
2. 通告站名，组织旅客安全乘降，及时妥善安排旅客座席、铺位；
3. 对老、幼、病、残、孕等重点旅客做到重点照顾；
4. 维护车内秩序，保证安全正点；
5. 做好饮食供应工作。

第三节　旅客乘降组织

一、乘降组织基本要求

在始发站根据车站通知、在中途站列车停稳后打开车门组织旅客乘降；开车铃响，面向列车，足踏安全线，铃止登车，做到行动迅速，作业统一。遇有高寒、高温、雨雪天气或在办理客运业务的中间站长时间停靠时，列车长与车站确认没有旅客乘降后，可统一组织乘务员提前上车，保留正对车站放行通道的车门开放，其余车门暂时关闭，乘务员在车门口立岗。

二、高站台旅客乘降组织

列车停靠高站台时，列车员要按规定悬挂安全警示带，使用安全踏板。安全踏板安放好后，列车员必须进行试踩踏，确保踏板卡牢固定，再组织旅客乘降。旅客乘降过程中，列车员要加强安全宣传，防止旅客跌落站台与车体之间的缝隙，要做好老、幼、病、残、孕等重点旅客的照顾，并注意观察踏板是否移位，车门翻板卡子是否松动，及时进行调整，防止旅客跌伤和挂伤。

三、客流增大时旅客乘降组织

客流较大时，列车要根据实际情况适时组织双开车门作业，中间站预留车必须双开车门并加强乘降组织，列车对中间站整车预留车厢必须锁闭，保证预留兑现。列车到站前，提前广播和口头向旅客预告，将老、幼、病、残、孕等重点旅客组织到车门附近，列车停稳后及时开门，组织重点旅客先行下车。

列车到站不得以任何理由不开车门，遇严重超员时，站车要积极配合，及时组织旅客乘降和关好车门，保证列车的正常运行秩序。站车在接到车辆乘务员因列车超员超重引起钩差超限或弹簧压死等危及行车安全的通报时，应立即启动相应的应急预案，密切配合，采取有效措施，及时疏散旅客。

第四节　非正常情况应急处置

一、旅客列车发生初起火情应急处置

旅客列车初起火情是指初起烟火局限在硬座车、卧铺车 1/2 空间范围内，使用灭火器或就地取材等手段能及时扑灭或有效控制不致蔓延的火情。

1. 列车工作人员要沉着冷静，加强宣传，引导旅客迅速向两侧邻座、邻车厢疏散，防止旅客跳车。

2. 立即使用灭火器进行扑救；来不及取灭火器时，就地取材实施灭火。同时，通知邻近各车厢列车员迅速向起火车厢传递灭火器。

3. 及时通知列车长、乘警、车辆乘务员赶赴现场。

4. 列车长收集取证相关材料，梳理统计有关情况，并按规定上报信息。

二、旅客列车在运行中发生火灾应急处置

1. 立即停车。列车行中发生火灾威胁行车和旅客人身安全时，应立即停车(停车地点应尽量避开特大桥梁、长大隧道等，如遇特大桥梁、长大隧道应选择在设置有疏散逃生通道等有利于旅客疏散逃生的地点)。电气化区段并应立即通知牵引供电部门停电。

2. 疏散旅客。列车发生火灾时，乘务人员应迅速向列车长报告，组织起火车厢旅客向邻近车厢或地面安全地带疏散，采取措施稳定旅客情绪，同时要防止发生旅客跳车、趁火打劫等意外事件。

3. 迅速扑救。列车长接到火灾报告后，应立即组织指挥志愿消防队，携带灭火器赶到起火车厢，确认火情，迅速扑救。

4. 切断火源。停车后，列车需要分隔时，司机、车辆乘务员应迅速将起火车辆与列车分离，切断火源，防止蔓延。

5. 设置防护。对甩下的车辆，由车站值班员(在区间由司机和车辆乘务员)负责采取防护措施。

6. 报告救援。列车长和司机应立即向上级部门和行车调度报告事故情况，请求救援。

7. 抢救伤员。在疏散旅客、迅速扑救火灾的同时，如有被火围困或受伤人员应立即抢救。

8. 保护现场。在扑救火灾的同时，铁路工作人员应协助乘警维护好秩序，防止发生混乱，禁止无关人员进入，保护好火灾现场。未经同意不得擅自清理火灾现场。

9. 协助调查。乘务人员应配合火灾调查，积极如实提供线索。

三、充电宝等含锂电池设备站车应急处置

1. 列车发现含锂电池设备发生起火冒烟等情况时，迅速有序疏散周边旅客，加强宣传安抚。

2. 遇旅客含锂电池设备滑入座椅缝隙等隐蔽部位，且无法取出时，严禁擅自改变坐席当前状态，及时通知车辆乘务员（随车机械师）处置，防止擅自操作造成挤压，引起含锂电池设备起火冒烟等情况。

3. 断开含锂电池设备的外接电源或与该设备相连的列车充电插座。处于给其他设备充电的充电宝发生紧急情况时，应断开与其他设备的连接。

4. 使用水、茶水、果汁等不可燃液体或水基型灭火器进行灭火处置，灭火后应持续用水或其他不可燃液体进行喷淋、浸湿降温。禁止使用防爆毯、灭火毯等覆盖或包裹方式对含锂电池设备灭火。

5. 降温处置后应检查确认，确定含锂电池设备不再冒烟、表面温度正常，状态趋于稳定后，可使用注入水的垃圾桶等工具移动到盥洗台等风险较小区域。

6. 充电宝冒烟起火的，处置完毕后及时确定充电宝额定能量并按规定上报；如疑似行李内的含锂电池设备起火，应首先进行灭火，灭火后通过问询旅客等形式确定为含锂电池设备且不再有燃烧迹象的，可视情况将含锂电池设备移出行李进行降温处置。如灭火后仍有冒烟现象或温度较高的，应使用水或不可燃液体进行持续喷淋、降温后方可取出。

四、旅客列车发生电器设备冒烟起火应急处置

1. 列车运行中发生电器设备冒烟起火时，要立即关闭电源开关或断开保险。

2. 迅速使用灭火器扑灭冒烟起火处。

3. 同时立即通知邻车，由邻车列车员传递通知列车长、乘警、车辆乘务员前来处理，严禁喧哗、跑动，防止引起旅客恐慌。

4. 火情得到控制后，要注意观察起火部位，待列车长、车辆乘务人员到达后，详细介绍发生的时间和扑救的过程及有关情况。火情扑灭后，列车长、乘警长、检车长要对起火部位进行全面检查，确认火已完全熄灭后，保护现场，调查取证。

五、新型空调车运行中供电系统发生故障，不能保障供电的处置

1. 列车长要立即通知车辆乘务长，尽快采取有效措施，检查各辆客车的应急电源开关是否处于闭合位，保证应急电源装置正常工作，保证应急照明灯、轴报装置供电。

2. 列车因存在故障不能满负载供电时，根据实际情况适当减少负载，暂时停止使用部分电器。车辆乘务员要千方百计排出故障，尽快恢复供电。

3. 列车乘务员要坚持工作岗位，巡视车厢，掌握车内动态，做好安全宣传，打开活动车窗，保证车内通风需要。

4. 列车长和乘警立即深入车厢，做好旅客安全宣传，必要时发动旅客中的解放军、武警、公安人员，共同维护车内秩序，严防坏人乘机破坏。

5. 动员带有便携照明工具的旅客，主动提供简易临时照明，严禁使用明火照明。

六、旅客列车因自动制动机故障需就地停车时应急处置

1. 发现故障。动车组以外的旅客列车在区间被迫停车遇自动制动机故障（电气化区段接触网停电，在 6‰及以上坡道上停车超过 30 分钟，在小于 6‰坡道上停车超过 60 分钟）时，司机应立即将铁鞋放置于机车下坡端车轮下对列车进行止轮防溜，以列车无线调度通信

设备并辅以鸣笛信号(连续鸣笛“三短声”)通知车辆乘务员。车辆乘务员得到司机通知后,应立即组织列车乘务人员拧紧全列人力制动机,以保证就地制动。

2. 及时报告。车辆乘务员与列车长共同确认全列人力制动机拧紧(车辆乘务员在车下,列车长在对应车辆的车上),分别做好人力制动机使用记录(客运乘务组要记录人力制动机的拧紧方向和圈数),车辆乘务员及时向司机报告。

3. 安抚旅客。列车停车后,广播员要加强安全注意事项的宣传,列车乘务员要坚守工作岗位,随时掌握车内旅客动态,维护好车内秩序,不得打开车门,严禁旅客翻窗或下车。列车长和乘警要加强车内巡视。

4. 列车制动系统恢复正常、救援列车挂上制动系统故障车列接通软管或接触网恢复供电后,司机(救援列车司机)以列车无线调度通信设备并辅以鸣笛信号(连续鸣笛“二短声”)通知车辆乘务员,车辆乘务员接到司机(救援列车司机)通知后,组织列车乘务人员松开拧紧的人力制动机。车辆乘务员与列车长共同确认全列人力制动机缓解(车辆乘务员在车下,列车长在对应车辆的车上),分别做好人力制动机使用记录,车辆乘务员及时向司机报告,司机方可按规定开车。

5. 故障排除。列车制动系统恢复正常、救援列车挂上制动系统故障车列接通软管或接触网恢复供电后,司机(救援列车司机)以列车无线调度通信设备并辅以鸣笛信号(连续鸣笛“二短声”)通知车辆乘务员,车辆乘务员接到司机(救援列车司机)通知后,组织列车乘务人员松开拧紧的人力制动机。

6. 恢复开车。车辆乘务员与列车长共同确认全列人力制动机缓解(车辆乘务员在车下,列车长在对应车辆的车上),分别做好人力制动机使用记录,车辆乘务员及时向司机报告,司机方可按规定开车。

七、旅客列车严重超员造成弹簧压死和车厢钩差超限的应急处置

1. 列车严重超员造成车厢弹簧压死(钩差超限)等危及行车安全情况时,客列检和车辆乘务员必须认真检查车辆走行部、车钩连接及车底等技术状态,并及时向所在车站及列车长通报情况。车站值班员接到报告后,要立即报告列车调度员和车站站长。

2. 车站站长接通报后,要立即赶赴站台指挥,组织客流均衡乘车;列车长要组织乘务员积极配合。同时,弹簧压死(钩差超限)车厢的前后邻车要积极配合、组织旅客均衡乘车,并严格车门管理,劝导未上车的旅客换乘其他列车。

3. 如遇本次列车无能力安排旅客疏散时,站车要加强联系,及时通报情况,并由车站采取退票、改签等方式组织疏散旅客。

4. 旅客疏散完毕后,经客列检及车辆乘务员检查确认车辆技术状态恢复正常,不再危及行车安全时,方可开车。

八、旅客列车晚点应急处置

1. 及时报告。遇途中长时间停车或晚点时,列车长应向车站和所在地铁路局集团公司客调了解列车受影响原因,以及恢复运行时间;塌方、水害等造成线路中断不能继续运行时,及时收集掌握车内人数、列车所在地、车内供水、餐料、空调、燃煤(燃油)等情况;第一时间向所在地客调、段安全生产调度指挥中心汇报。

2. 坚守岗位。列车长应组织全体乘务人员各就各位，安抚旅客情绪，维持车内秩序，加强车门管理及车内巡视，做好宣传解释工作；列车停留在区间和非客运办理站时，严禁旅客擅自下车；如遇旅客询问时，应耐心细致回答，不得使用“不知道”“没点”等不负责任言语或不耐烦表现。

3. 掌握重点。列车长要提前收集车内已购买中转换乘车票、机票等需要继续旅行旅客信息及行包装载情况，并及时向所在地铁路局集团公司客调和段安全生产调度指挥中心汇报；遇线路中断影响旅客行程，旅客要求就近改乘其他交通工具时，列车长要及时收集旅客人数，向所在地铁路局集团公司客调报告，并向旅客做好解释工作；经客调同意，列车长要与车站联系，将旅客集中与车站办理交接。

4. 准确通告。列车晚点超过30分钟，应根据所在地铁路局集团公司调度部门的通报，向旅客公布晚点原因和晚点大约时间，向旅客通报时，广播每次间隔时间不超过30分钟；督促广播员有针对性地加强宣传，稳定旅客情绪，防止意外发生。

5. 搞好供应。做好服务工作，保证饮食供应，尽量满足旅客需求；对列车上剩余的食品、饮用水及应急餐料，列车长要视情况，进行集中掌管，首先满足重点旅客；被困时间较长，造成物资紧缺时，列车长要及时向所在地铁路局集团公司客调和段安全生产调度指挥中心汇报，及时安排附近车站补充。

6. 照顾重点。遇旅客有特殊和紧急需求，列车长及时向所在地铁路局集团公司客调和段安全生产调度指挥中心报告，尽力妥善解决；列车要保证车内空气清新，为旅客提供较好的乘坐环境。

九、旅客列车发生旅客食物中毒应急处置

（一）信息上报

1. 旅客列车发生旅客疑似食物中毒事件，列车长应立即向所在地客调报告，并通知司机。司机向列车调度员报告，客调立即向值班主任报告。值班主任通知铁路食品安全监督管理机构，并召集劳卫、客运等部门赶赴应急指挥中心共同处置。

2. 报告内容要简明扼要、表述清楚，包括但不限于：发生食品安全事件的单位（车次）、列车运行区段、时间、中毒人数、主要症状、可疑饮食物（食材）等有关内容。

（二）现场处置

1. 积极救治。现场应急处置由列车长统一组织指挥，及时组织对有关人员发病症状、进食史等进行登记，并通过广播寻找医护人员进行救治。

2. 保护现场。如不能排除食物中毒是列车供应饮食品所致，要立即停止列车餐饮供应，采取措施追回已售出的可疑饮食物或通知旅客停止继续食用。同时，分别向列车担当和运行所在地铁路局集团公司客调报告，暂停相应批次盒饭的销售。

3. 销售溯源。对旅客反映因车站出售的食物造成的，应及时向车站所在地客调报告，由所在地客调联系生产销售部门暂停销售。

4. 站车协作。需停站处置时，列车调度员应安排列车在具备医疗抢救救助条件的最近前方车站停车，并命令前方停车站做好抢救准备；需跨局协作处置时，由调度所通知列车运行前方局调度所。

5. 安抚解释。在抢救安置中毒旅客的同时，乘务人员要做好解释工作，稳定旅客情绪，

防止造成混乱。列车长应组织力量封锁现场，封存导致或可能导致食品安全事故的食品及其原料、工具及用具、设施设备，以及中毒人员的呕吐物、排泄物等。

6. 协助调查。铁路食品安全监督管理机构派专业人员开展现场调查和处置，列车工作人员应积极配合监督、医疗和疾控机构现场工作。同时，列车长要及时将记录和有关材料移交车站，以便开展善后处置。

十、旅客列车发现精神异常旅客乘车应急处置

1. 列车上发现有人护送的精神异常旅客，乘务员要向护送人（同行人）介绍乘车途中的安全注意事项，积极配合护送人做好精神异常旅客的安全运送工作。

2. 对无人护送的突发精神异常旅客，列车长要指派专人看护。对突发精神异常旅客发生损坏列车设备或对其他旅客产生伤害时，列车长、乘警要立即赶到现场，将精神异常旅客与其他旅客隔离。必要时，由乘警采取措施进行处置。处置期间，列车长要组织力量协助，并安排专人看守，确保其他旅客和列车设备安全。

3. 站车办理突发精神异常旅客交接时，按国铁集团和民政部相关规定办理。

十一、旅客突发急病时应急处置

1. 赶赴现场。收到列车员报告旅客突发疾病后，立即赶赴现场，询问了解病情。

2. 广播寻医。立即通过广播寻找旅客中的医务工作者帮助救治。

3. 积极救治。根据旅客病情询问旅客是否需要下车治疗，如旅客需下车医治时，按章编制客运记录交站治疗，若旅客放弃治疗，完善相关证据链。

4. 交站处理。旅客病情危重，向运行所在地集团公司客调请求前方有医疗条件的车站临时停车；并通知车站提前做好救护准备。

5. 收集证言。旅客急病处置过程中要全程利用巡检仪进行视频采证，做好旁证材料收取。

6. 做好汇报。向段安全生产调度指挥中心、车队做好汇报。

十二、旅客列车运行中发生旅客跳（坠）车应急处置

1. 当列车接通知有旅客坠车时，列车长要立即会同乘警查明坠车旅客相关情况及坠车原因，查找其随身携带品，收集不少于两份旁证材料，编制客运记录，于 3 日内向相关受理站移交。

2. 在运行区间发现旅客跳车或坠车时，现场列车工作人员要立即使用紧急制动阀停车，列车长组织人员下车查看伤亡情况。如下车未及时发现跳、坠车旅客，应尽快组织开车，由车辆乘务员向司机汇报，由司机通知前方站。

3. 发现旅客死亡时，列车长立即与乘警共同查明死者身上的财物、车票信息后，由车辆乘务员向司机汇报，由司机通知前方站处理。列车长于 3 日内向事故受理站移交客运记录及其他材料。

4. 旅客受伤时，列车长应编制客运记录将受伤旅客、旁证材料、有效身份证件及随身携带品一并交前方县、市所在地车站或当地具备公共医疗条件的车站处理。因受伤旅客伤势较重，需进行抢救时，应提前通知受理站。

第五节 《铁路乘车证管理办法》相关知识

一、铁路乘车证的分类

乘车证共分九个票种，三种颜色，均为单页。

1. 软席全年定期乘车证，浅粉色，横版，如图 2-1 所示。

2. 软席乘车证(含单程、往返、临时定期)，浅粉色，竖版，如图 2-2 所示。

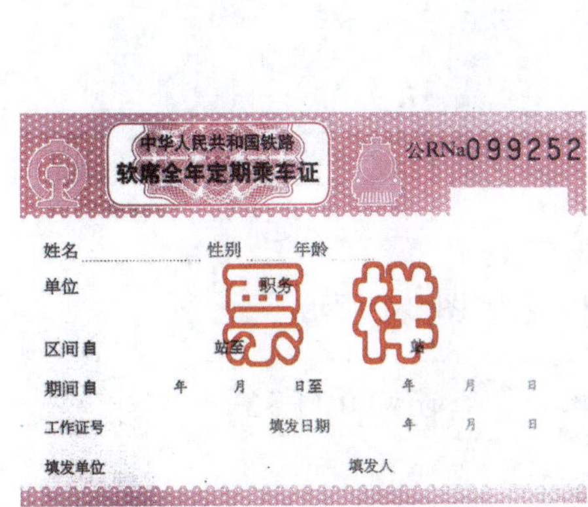

图 2-1 软席全年定期乘车证

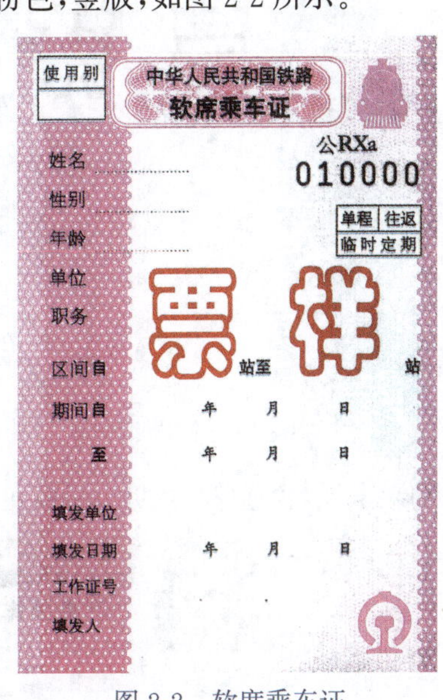

图 2-2 软席乘车证

3. 硬席全年定期乘车证，浅蓝色，横版，如图 2-3 所示。

4. 硬席临时定期乘车证，浅蓝色，竖版，如图 2-4 所示。

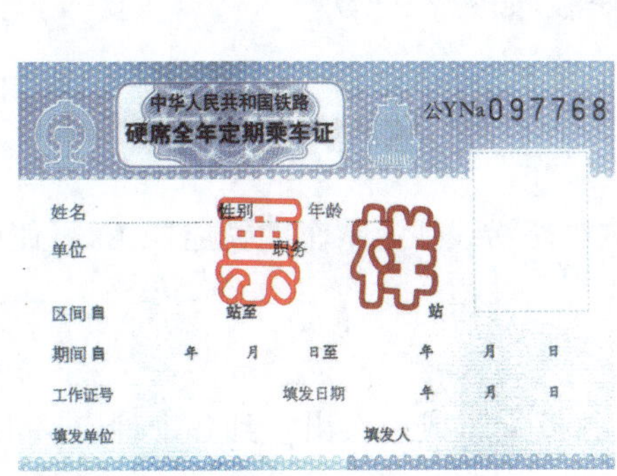

图 2-3 硬席全年定期乘车证

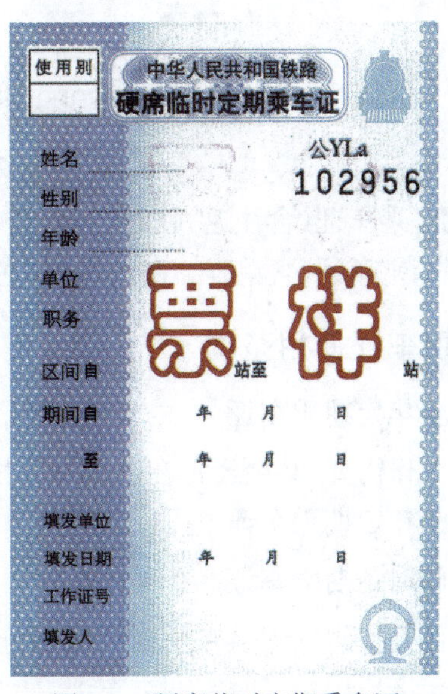

图 2-4 硬席临时定期乘车证

5. 硬席乘车证(含单程、往返),浅蓝色,竖版,如图 2-5 所示。

6. 便乘证,浅蓝色,竖版,如图 2-6 所示。

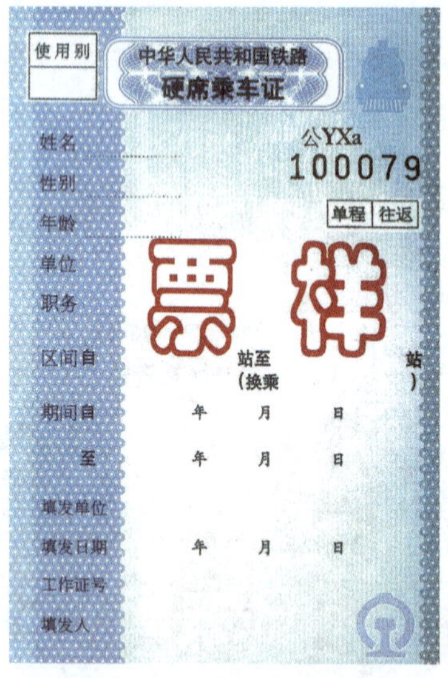

图 2-5　硬席乘车证

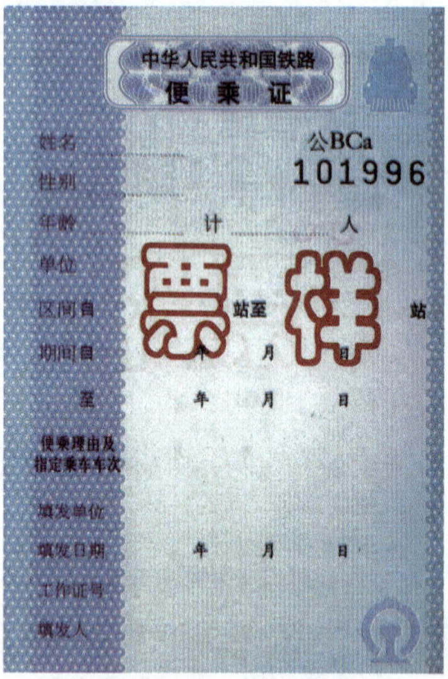

图 2-6　便乘证

7. 通勤乘车证(含通学、定期),浅黄色,横版,如图 2-7 所示。

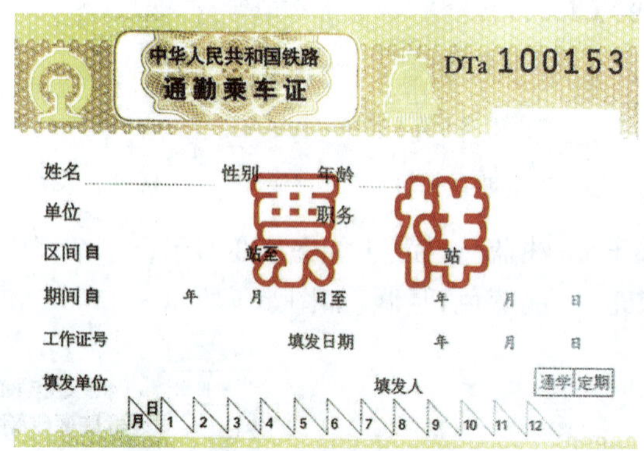

图 2-7　通勤乘车证

8. 就医乘车证(含往返,临时定期,全年定期),浅黄色,竖版,如图 2-8 所示。

9. 探亲乘车证(含单程、往返),浅黄色,竖版,如图 2-9 所示。

二、乘车证使用范围

(一)全年定期乘车证

凡因工作需要,必须经常在所管辖区段内铁路沿线往返乘车的铁路职工,可使用所管辖区段内的全年定期乘车证。

(二)临时定期乘车证

因工作需要短期内须在一定区段内连续往返乘车或一次出差到几个地点又不顺路的,可使用一定区段内的临时定期乘车证。

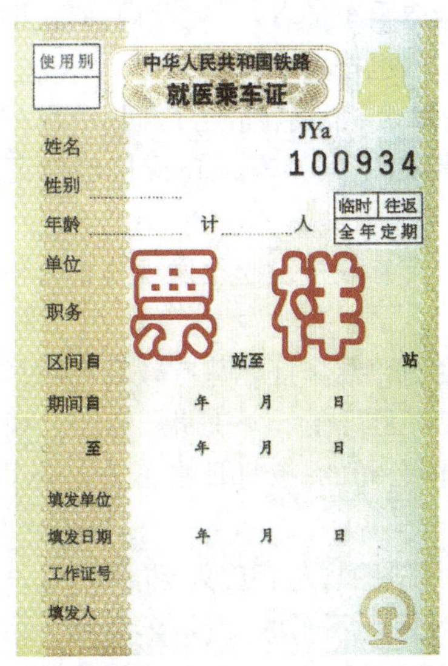
使用别
中华人民共和国铁路
就医乘车证
JYa
100934
姓名
性别
年龄　计　人
临时　往返
全年定期
单位
职务
票样
区间自　站至　站
期间自　年　月　日
至　年　月　日
填发单位
填发日期　年　月　日
工作证号
填发人

图 2-8　就医乘车证

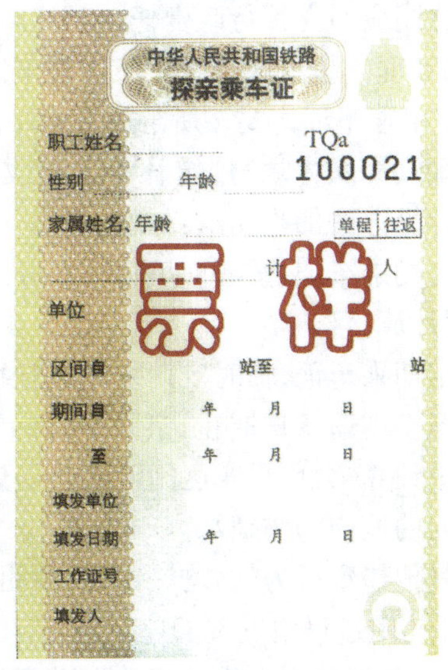
中华人民共和国铁路
探亲乘车证
TQa
100021
职工姓名
性别　年龄
家属姓名、年龄
单程　往返
计　人
单位
票样
区间自　站至　站
期间自　年　月　日
至　年　月　日
填发单位
填发日期　年　月　日
工作证号
填发人

图 2-9　探亲乘车证

(三)软席、硬席乘车证

因工作需要一次性的外出乘车，可使用软席、硬席乘车证，乘车区段及期间按实际需要填发，单程或往返一次有效，除转乘外，中途下车无效。

三、准乘列车的规定

1. 持用全年定期、临时定期、软席、硬席乘车证和便乘证，在正式或临时营业铁路上准乘各种旅客列车(国际列车除外)。

2. 持用探亲乘车证准乘除国际、旅游列车以外的各种旅客列车。

3. 持用通勤、定期通勤乘车证，准乘各种旅客列车(国际列车除外)。

4. 持用通学、就医、购粮乘车证，准乘快车和普通旅客列车。

5. 持用铁路全年定期、临时定期软席、硬席乘车证均可乘坐空调可躺式客车。

四、免费使用卧铺的规定

1. 职工(含路外符合使用乘车证的人员)出差、驻勤、开会、调转赴任、医疗转院(含职工供养的直系亲属)、疗养、护送、出入学校，以本人开始乘坐本次列车开车时刻计算，从 20:00—(次日)7:00 之间，在车上过夜 6 小时(含 6 小时)或连续乘车超过 12 小时(含 12 小时)以上的，准予免费使用卧铺。

2. 学生实习使用乘车证，不能免费使用卧铺。

使用卧铺中途不应下车。如必须下车，不足夜间乘车 6 小时或连续乘车 12 小时的，列车长应按章核收已乘区间的卧铺票价。

五、违章使用乘车证的处理

1. 违章使用乘车证，例如，在票面上加添、涂改、转借、超过有效期限或有效区间乘车，未持规定的有关证明、证件或持伪造证明、证件的均按无票处理，要查扣其乘车证及有关证件。此外,单位还应追究其行政责任。对持用伪造乘车证者,一经发现,应立即查扣,并移交公安机关依法处理。超出规定条件使用乘车证者,也按违章使用处理。

2. 违章使用乘车证均要按所乘旅客列车的等级、席别、铺别、区间(单程或往返)及票面填写人数按《国铁集团客规》规定补收和加收票款,下列乘车证还应按票面记载的席别、区间,按照下列计算方法加收罚款:

(1)定期通勤乘车证,按票面填写乘车区间,自有效月份起至发现违章月份止,按每月一次往返的里程计算。

(2)全年定期乘车证、临时定期乘车证、通勤(学)乘车证。从有效日期(过期的从有效期终了的次日)至发现违章日期止,票面填写的乘车区间在一个铁路局集团公司以内的,按每日乘车 50 公里计算票价;乘车区间跨铁路局集团公司的,按每日乘车 100 公里计算票价,计算后低于 50 元的按 50 元核收。

(3)发现其他违章行为的,均按《国铁集团客规》的规定相应处理。

3. 乘车证使用过程中发现的违章事项,当时处理不了的,由站车编制客运记录,连同查扣的乘车证及有关证件报本铁路局集团公司财务部门,由铁路局集团公司依据规定向违章职工单位发函并追补应收票款和罚款;违章职工单位接到函件,要查证落实严肃处理,并将应补票款和处理结果于 30 日内报送发函单位收入部门。如违章者单位未按来函要求补缴款额的,铁路局集团公司要报告上级机关督促违章者单位迅速处理,必要时要追究单位领导责任。各单位在职工交回乘车证或日常检查中发现有违章使用的,也要按规定处理。对补缴的票款和罚款应上交财务部门。

第六节 实名制验票相关知识

实名制管理所称车票实名购买,是指购票人凭乘车人的有效身份证件购买车票,铁路运输企业凭乘车人的有效身份证件销售车票,并记录旅客身份信息和购票信息的行为;车票实名查验,是指铁路运输企业对实行车票实名购买的车票记载的身份信息与乘车人及其有效身份证件进行一致性核对,并记录旅客乘车信息的行为。

列车验票工作中要做好以下两方面的工作。

一、严格车门卡控

普速旅客列车列车员在车门口实行实名制验证验票,发现票、证、人不一致的应拒绝乘车。遇邻线来车、大客流以及晚点折返车或客流高峰期,旅客集中上车来不及查验时,可组织旅客上车后再补充查验。旅客须持购票时所使用的有效身份证件乘车。“行程信息提示”、报销凭证、购票短信和购票截图均不能作为乘车凭证使用。列车应严格执行验票制度,查验票证前做好广播宣传,取得旅客支持理解。

二、加强途中检查

1. 列车应严格执行验票制度,查验票前做好广播宣传,取得旅客支持理解。动车组列车运行时间超过 2 小时的,始发后全面验票验证 1 次,途中对上车旅客进行验票;运行时间 2 小时以内的,要组织抽验;普速旅客列车每运行 6 个小时验票验证 1 次,不足 6 小时的列车不得少于1次，一站直达列车查验1次。票证查验应全面覆盖站车交互系统中显示的残、学、孩、免、乘车卡、未进检电子客票等特殊票种和席位，以及站车交互系统显示该运行区段应空闲但有旅客入座的席位、无座旅客和越站旅客；对站车交互系统中无旅客进站检票记录的，列车应针对性开展查验并完成列车补检，以确保检票信息完整。对无票、持减价优惠优待票不符合减价条件的，违章使用乘车卡、铁路乘车证的，无法按规定提供有效证件的，票、证、人不一致的，以及乘车日期、车次不符的旅客应按章补收票款。

2. 对于乘坐卧铺的旅客，列车工作人员应通过列车手持验票终端查验掌握旅客到站信息。对于中途提前下车或调换铺位的旅客，要及时通过列车手持验票终端做好标记，到站前30分钟及时提醒旅客做好下车准备，不干扰其他旅客。普速旅客列车硬座车厢乘务员开车后、到站前双车（边）通报。

3. 列车查验护照证件车票，工作人员手工录入证件号码查询电子客票时，须重点核查系统显示证件类型、证件姓名、国家码与旅客所持证件对应信息一致性，不一致的，按票证不符处理；工作人员通过扫描报销凭证或行程信息提示单二维码查询电子客票时，须输入隐藏位证件号码进行比对，同时重点核查系统显示证件类型、证件姓名、国家码与旅客所持证件对应信息一致性，不一致的，按票证不符处理。

4. 遇旅客使用12306手机客户端电子临时乘车身份证明乘车时，列车工作人员应通过设备扫描12306手机客户端电子临时乘车身份证明动态二维码开展业务办理。应急条件下，无法自动识读电子临时乘车身份证明时，需确认旅客所持电子临时乘车身份证明信息是否来12306手机客户端、照片与本人是否一致，手工输入旅客身份证号码办理相关业务。

第七节 铁路旅客征信管理

一、严重失信行为

对发生下列严重失信行为的旅客限制乘坐铁路旅客列车。

1. 扰乱铁路站车运输秩序且危及铁路安全、造成严重社会不良影响的。
2. 在动车组列车上吸烟或者在其他列车的禁烟区域吸烟的。
3. 查处的倒卖车票、制贩假票的。
4. 冒用优惠（待）身份证件、使用伪造或无效优惠（待）身份证件购票乘车的。
5. 持伪造、过期等无效车票或冒用挂失补车票乘车的。
6. 无票乘车、越站（席）乘车且拒不补票的。
7. 依据相关法律法规应予以行政处罚的。

二、严重失信行为的认定

严重失信行为以公安机关处罚或铁路站车单位认定为准。

1. 发生严重失信行为中第1、第2、第3、第7种情形即认定为失信行为。自公示期满无有效异议之日起180天内限制其购买车票。

2. 发生严重失信行为中第4、第5、第6种情形即认定为失信行为。发生第4、第5种情形即使旅客按规定补票也认定为失信行为，发生第6种情形旅客在结束本次旅行前最终按规定补票则不认定为失信行为。

旅客未补票的，自公示期满无有效异议之日起至失信人补齐所欠票款前限制其购买车票；失信人补齐第一次所欠票款后（自补票次日算起）一年内，三次发生上述第4、第5、第6种情形的，失信人补齐所欠票款后90天（含90天）内限制其购买车票。

3. 失信人的限制购票期限期满次日起自动解除对其的购票限制。

三、严重失信行为的证据

站车现场采集严重失信行为的证据包括：失信人本人书面证明或音视频记录或2名以上旅客证人证言。

1. 站车工作人员应使用客运记录详细记录失信人的姓名、有效身份证件类型及号码、住址、联系方式、乘车日期、车次、区间、失信行为、处理情况等信息，并由站车工作人员和失信人本人签字。失信人拒绝签字时应当注明。

2. 站车工作人员应采用音视频记录仪、视频监控系统记录处置全过程。不具备音视频记录条件时应收集2名以上旅客的证人证言。

3. 站车工作人员在处置时，应通过口头或书面方式明确告知旅客处置依据和纳入铁路旅客信用信息管理，采取限制购票措施。

四、铁路旅客信用信息记录的期限

铁路旅客信用信息记录的期限：自失信行为发生之日起一般为5年；超过5年的，应当予以删除。国家对相关期限另有规定的，从其规定。

第八节　旅客列车厕所环境卫生管理

一、旅客列车厕所环境卫生管理概述

1. 列车厕所双所长制。旅客列车厕所分别由客运段段长担任列车厕所“卫生总所长”，客运段车队队长担任本车队列车厕所“卫生所长”；车辆段（动车段）段长担任列车厕所“设备总所长”，对应客运车队派专人担任列车厕所“设备所长”。车辆处、客运处为业务指导部门。

2. 途中厕所保洁要求。各客运段应根据列车等级和客流情况，明确列车运行途中厕所保洁的频次，原则上每小时至少保洁一次，并随脏随清理。列车夜间运行时，应对厕所和洗脸间进行一次彻底保洁。列车长在每两小时一次的巡视中，应对厕所保洁质量进行全面检查。

3. 终到厕所保洁要求。列车终到前30分钟，列车长对全列卫生检查时，应对厕所逐一检查，确保达到终到卫生标准，特别是确保“三不带”（即不带垃圾、污水、粪便）。列车终到后，由车队值班干部、接车列车长、保洁组长共同对终到卫生组织验收。

4. 集便器厕所管理。客运段应针对集便器厕所易堵塞的情况，要明确管理要求，做好广播宣传，告知旅客正确使用集便式厕所的方法，防止人为堵塞。集便器液位达80%时，应监控使用。

5. 保洁工具管理。各种保洁工具要实行分类专用，厕所、洗脸间、车厢等不同区域使用的扫帚、拖把、抹布等用具要有明确的标识或颜色区分，使用后要分类定位放置、不得混放混

用造成交叉污染。

二、普速旅客列车厕所保洁作业要求

(一)备品用具

1. 厕所内配备专用厕刷。

2. 随车配备拖布、洁厕清洗剂、水桶、抹布。

3. 库内保洁班组配备便器导水沿凹槽钢丝刷、钢丝球、百洁布、洁厕清洗剂、抹布、洗衣粉、去污粉、胶皮手套等专用工具。

(二)库内保洁

1. 厕所便器及地面死角保洁。

(1)清理厕所地面垃圾、污水等。

(2)按照“一喷、二闷、三刷、四冲”的程序洗刷便器及卫生死角。

“喷”:用洁厕清洗剂喷淋便器表面、导水沿凹槽及辅助便桶。

“闷”:闷浸3～5分钟,使洁厕清洗剂与尿碱、污垢发生化学反应、软化分解。

“刷”:用便器专用钢丝刷或钢丝球反复刷导水沿凹槽,用百洁布洗刷便器表面,用长厕刷洗刷辅助便桶,将便迹、尿碱、污垢刷掉。

“冲”:对洗刷后的便器进行冲洗,检查清洁效果,对未彻底清除干净的部位补强清洁。

2. 厕所四周部位保洁。

(1)按照“由上至下、由内至外”的次序清擦天棚、四壁、门窗、照面镜、灯罩。将专用料剂或洗衣粉水均匀喷涂到顶板、墙壁等处所,用百洁布打磨污渍,然后用抹布擦拭干净。

(2)对不锈钢表面、手纸盒表面的严重腐蚀、污渍、锈渍,用百洁布沾去污粉或细水砂纸(沾水)进行打磨。

(3)对垃圾桶内外侧表面的严重腐蚀、污渍、锈渍,用百洁布沾去污粉或细水砂纸(沾水)进行打磨。

3. 重点部位周期性保洁。

(1)直排式蹲便、坐便器导水沿凹槽、辅助便桶和地漏。原则上以每往返为一个周期,设专人使用人工或电动工具,对便器导水沿凹槽、辅助便桶和地漏沉积的尿碱、尿垢进行重点处理。

(2)集便式便器。直供电车底要在机车或地面停止车厢供电、供风之前完成洗刷便器作业。空调发电车供电车底利用供电、供风时完成便器保洁作业。

(3)坐便器消毒一般采用有效氯含量150毫克/升的消毒液喷洒或擦抹,采用其他消毒方法时,按其规定执行。坐便器消毒后应有“已消毒”标记。消毒次数为:始发前消毒、途中每次乘务换班消毒。

(三)途中作业

1. 列车运行中,列车员(随车保洁员)适时检查厕所便器及地面卫生,清理厕所地面垃圾、污水,用厕刷洗刷地面及便器残留便迹,清理垃圾桶内垃圾。

2. 检查厕所冲便设备、水龙头、卫生纸架(盒)、坐便垫圈纸盒等设备设施状态是否良好,发生故障,及时报告当班列车长,通知车辆乘务员处理。

3. 检查厕所卫生纸、坐便垫圈纸等备品，按规定及时补充。

4. 列车到达中间大站或终到站前30分钟，全面检查厕所便器及地面状态，清扫厕所，清理垃圾桶，检查设备状态。做好终到“三不带”。

5. 途中发现厕所集便箱满时，应及时锁闭厕所，并联系前方吸污点吸污或按规定采取应急排污措施。

三、旅客列车厕所保洁质量标准

（一）库内

1. 厕所无异味。
2. 便器、导水沿凹槽（俗称“反扣”）、排便桶无积便、积垢，无尿碱、尿垢。
3. 厕所顶板、四壁、门窗、照面镜、灯罩洁净无污渍、积灰。
4. 不锈钢面、洗手盆、手纸盒、扶手表面无污痕、锈渍。
5. 地面无垃圾、积垢、死角、积冰、积水等。
6. 垃圾桶内无积垢、积渍。
7. 地漏不返臭味。

（二）途中及外段折返站

在库内保洁标准的基础上，还应实现：

1. 便器无积便、尿液。
2. 地面无垃圾、积冰、积水。

第三章　相关知识

第一节　客车设备设施相关知识

一、安全设施设备

(一)紧急制动阀

1. 设置位置

紧急制动阀(图 3-1)设置在车厢一位端(乘务室外),并实施铅封。

图 3-1　紧急制动阀

2. 作用原理

将列车主风管中的风压排放,使每辆车的空气制动装置产生制动作用抱紧闸瓦,从而达到全列制动的效果。

3. 使用时机

(1)车辆燃轴或重要部件损坏;

(2)列车发生火灾;

(3)有人从列车上坠落或线路内有人死伤;

(4)其他危及行车和人身安全必须紧急停车时。

4. 使用方法

使用车辆紧急制动阀时,不必先行破封,立即将阀手把向全开位置拉动,直到全开为止,不得停顿和关闭。遇弹簧手把时,在列车完全停车以前,不得松手。在长大下坡道上,必须先看制动主管压力表,如压力表指针已由定压下降 100 千帕时,不得再行使用紧急制动阀(遇折角塞门关闭时除外)。

列车乘务人员应将使用紧急制动阀(紧急制动装置)的情况报告司机。

(二)人力制动机

1. 设置位置

人力制动机(图 3-2)根据客车车辆构造,设置在每节车厢一位端的车门通过台一侧。

2. 作用原理

通过机械传动装置将制动力从制动手柄传递到闸瓦,使闸瓦压紧车轮产生摩擦力,阻止车辆运动,但仅对本节车厢产生制动作用。

3. 使用时机

(1)在自动制动机发生故障,列车失去制动能力时;

(2)在电气化区段,遇接触网停电,列车停车超过 60 分钟(停在超过 6‰坡道上的列车为 30 分钟)时。

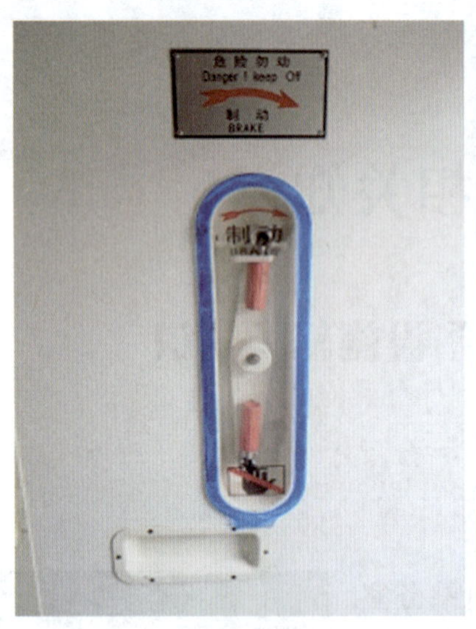

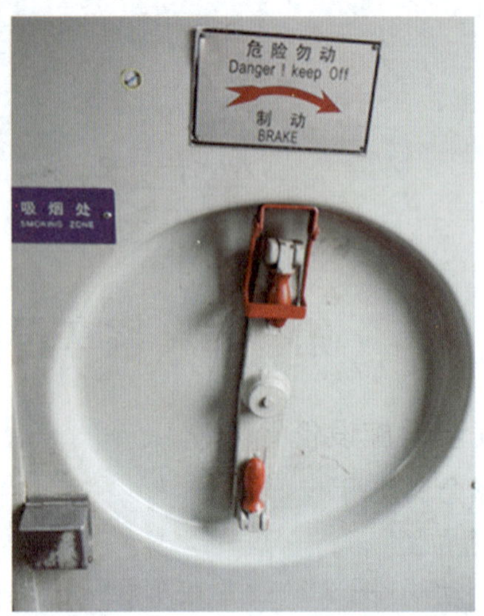

图 3-2 人力制动机

4. 使用方法

遵循“听候通知、统一指挥、唱拧唱记、顺紧逆松、松紧一致、逐一登记、全列确认”的原则。列车工作人员应在车辆乘务的统一指挥下进行使用，保证就地制动。当听到机车鸣笛三短声（拧紧人力制动机信号）时，拉出人力制动机手柄，向顺时针方向拧紧为止。列车制动系统恢复正常后，当听到机车鸣笛两短声的缓解信号时，向逆时针方向回转人力制动机手柄，恢复原位，此时应注意不要回转过度，造成人力制动机反向拧紧。（在现场实践中充分证实了人力制动机缓解，应回复至拧紧时的圈数）使用人力制动机制动或缓解，均应由列车长和车辆乘务员共同进行确认（车辆乘务员在车下，列车长在对应车辆的车上），并分别做好人力制动机使用记录。

5. 处置程序

（1）列车停稳后，司机应立即将铁鞋放置于机车下坡端车轮下对列车进行止轮防溜，以列车无线调度通信设备并辅以鸣笛信号（连续鸣笛“三短声”）通知车辆乘务员。

（2）车辆乘务员得到司机通知后，应立即组织列车乘务人员拧紧全列人力制动机，以保证就地制动。

（3）各车厢乘务员在拧紧人力制动机后，分别做好人力制动机使用记录（拧紧圈数）。

（4）车辆乘务长与列车长一起，对手制动机的紧固情况进行检查，车辆乘务员在车下，列车长在对应车辆的车上，车辆乘务员及时向司机报告，并做好手制动机使用记录。

（5）各车厢列车员在拧紧人力制动机后应坚守工作岗位，检查本车厢四门、车窗锁闭情况，随时掌握车内旅客动态，做好安抚和宣传工作，维护好车内秩序，不得打开车门，严禁旅客翻窗或下车。列车长和乘警要加强车内巡视，列车广播员要坚守岗位，做好安全宣传工作。

（6）故障处理完毕，车辆乘务员组织列车乘务人员缓解全列手制动机，车辆乘务员与列车长共同确认全列人力制动机缓解，车辆乘务员在车下，列车长在对应车辆的车上，分别做好人力制动机使用记录，车辆乘务员及时向司机报告。

（7）司机得到车辆乘务员报告后，按规定开车。

(三)灭火器

1. 灭火器的配备

1-压把；2-压力表；3-筒身；4-喷嘴；5-软管。

图 3-3　灭火器

灭火器(图 3-3)的配备:旅客列车每节客车车厢(双层客车每层)应配备 2 kg 的 ABC 干粉灭火器和 2 L 水型灭火器各 2 具,在客车车厢一、二位端各安装两具。新购干粉灭火器首次维修期限为 5 年,水型灭火器为 3 年(以灭火器出厂时间为准)。客车车辆段对到维修期限的灭火器应及时送专业维修企业按照国家有关规定进行维修,张贴专门的维修标志,并在灭火器筒体上粘贴到期时间(××××年××月到期)标贴,粘贴位置在压力表的下方。维修后的干粉灭火器的再次维修期限为 2 年、水型灭火器的再次维修期限为 1 年。干粉灭火器的报废期限为 10 年,水型灭火器的报废期限为 6 年(以筒体钢印时间为准)。

2. 检查鉴别

(1)灭火器的检修期限是否到期。

(2)压力表指针位置,绿色区域代表压力正常,黄色区域代表压力偏大,红色区域代表压力不足(灭火器失效)。灭火器压力表指针指示“黄区”或“红区”时,车辆部门应予以更换。

(3)铅封、插销、喷嘴是否完好。

3. 使用方法

用力拔去插销,左手托住灭火器底部,右手握住灭火器压把,站在上风处对准火的根部按压灭火器压把,左右扫射,向前推进。

(四)轴温报警器

1. 作用和位置

客车轴温报警器装置是在旅客列车运行中自动检测客车轴温的装置,是预防热轴,防止切轴,确保旅客列车运行安全的重要设备。装置在旅客列车每节车厢乘务室内(25G 新型空调列车装置在乘务室外对面,报警装置设在乘务室内)。

2. 基本常识

集中式轴温报警器定点报警温度为 90 ℃±2 ℃,跟踪报警温度为外温 40 ℃±4 ℃。集中式轴温报警器报警方式为声光报警。车厢轴位排序为从一位端起靠乘务室一侧为单数,即 1、3、5、7 轮轴;另一侧为双数,即 2、4、6、8 轮轴。

3. 轴温报警器显示声光报警信号的处置

该车厢乘务员立即采用传递方式通知检车乘务员和列车长。并对报警的轮轴位置进行监控。监控方式为:打开报警轮轴位置的附近车窗,监控车轮处有无异常情况,如有异常声响或烟火冒出燃轴迹象,应立即使用“紧急制动阀”停车。

(五)紧急破窗锤(空调列车配备)

1. 设置位置

每一车厢在乘务室内安装 1 把。硬座车厢客室内安装 4 把。卧铺车过道安装 2 把。餐车餐厅内安装 4 把。双层座车下层车厢内安装 4 把。双层卧车下层大走廊安装 2 把。

2. 作用

当旅客列车发生意外情况，旅客或列车工作人员可用其敲碎密封的车窗玻璃，便于透气排烟或列车停稳后，敲碎车窗玻璃帮助旅客自救逃生。

(六)二炉一灶一电

“二炉一灶”是指茶炉(包括燃煤茶炉和电茶炉)、取暖锅炉、餐车炉灶(图 3-4)，“一电”是指车厢内电器设备。

图 3-4　餐车炉灶

“二炉一灶一电”操作要求及规定如下：

1. 客车的茶炉、蒸饭锅炉、取暖锅炉，必须由经专业培训并持有锅炉操作证的人员操作，保持设备良好，做到不漏水、不漏气、不滋火、不超温、不干烧，炉灰应用水浸湿装袋，交指定的投放站，茶炉、锅炉室内保持清洁无杂物，离人加锁。非取暖期间锅炉室封闭。

2. 餐车炉灶、烟囱、排油烟(道)罩应定期清理，保持清洁无油垢，分清责任，认真填写交接记录。

3. 配电箱(室)锁闭，保持状态良好、清洁干净，严禁放置物品。严禁私拉乱接电源线和擅自安装使用电气设备。车内卫生清扫作业时，严禁用水冲刷地板和通过台及连接处。

(七)车厢隐蔽处

车厢隐蔽处包括循环水泵箱、车厢顶棚盖、观察孔、煤箱、清洁柜、暖气管、取暖器、垃圾箱(图 3-5)和洗脸池下部(图 3-6)周围及座位下等部位。车厢隐蔽处容易藏污纳垢，且不易清扫，形成安全隐患，因此必须定期检查清扫，保持清洁无杂物。对停用的炉室必须彻底清除可燃物，并进行封闭。

图 3-5　垃圾箱

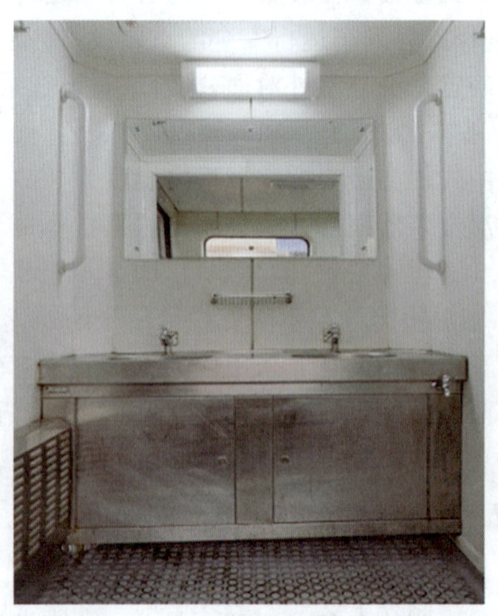

图 3-6　洗脸池下部

第二节　安全知识

一、劳动安全

(一)成都局集团公司客运职工安全红线

1. 公共部分。

(1)班中饮酒,酒后上岗;擅自离岗、脱岗。

(2)违章钻、扒车。

(3)未设置防护(监护)上道作业。

(4)移动设备停留不采取防溜措施。

(5)无计划、超范围上道施工、维修等作业。

(6)高铁区段作业违规进入防护栅栏或遗留作业机具、材料。

(7)违章指挥、强令冒险作业或不具备列车放行条件冒险放行列车。

(8)人为关闭、破坏直接关系生产安全的监控、报警、防护、救生设备设施,或者篡改、隐瞒、销毁其相关数据、信息。

(9)资质类考试作弊,包括铁路驾驶证、岗位培训合格证、技术技能职称等考试徇私舞弊行为。

(10)弄虚作假,瞒报、谎报安全信息。

(11)"一机两网"、"一机两用"、违规上线部署信息系统和在互联网存储铁路行业敏感信息和关键数据。

(12)将火种带入易燃、易爆及危化品场所,私拉乱接电线及违章用电、用油、用气等危险行为;未按规定办理动火审批手续动用明火作业。

(13)当班人员违规使用手机或不按规定集中保管手机(包括上交假手机)。

(14)使用未经检验或检验不合格的特种设备;使用明令淘汰、已经报废的特种设备;使用未办理使用登记的特种设备。

2. 客运系统。

(1)临时停车擅自组织乘降。

(2)看车人员在车内抽烟、使用明火。

(3)客车运行中边门未锁闭上下锁,塞拉门未锁闭隔离锁(客车车门因设备原因导致的,经客运、车辆部门确认后,不列入红线)。

(4)站台客运相关作业人力推车(不含轮椅)未实施常态制动。

3. 客运服务质量红线。

(1)非自卫情况下,主动推搡、击打旅客等产生肢体冲突。

(2)任何情况下,抢夺(或强拿)旅客无危害的私人物品。

(二)出乘前、乘务中的纪律

1. 出乘前的纪律。

乘务员在出乘前必须充分休息,保持精力充沛。严禁在出乘前、乘务中、折返站饮酒。

2. 乘务中的纪律。

在列车长的统一指挥下开展各项工作。服从命令，听从指挥，坚守工作岗位，严禁当班睡觉、脱岗、串岗、干与工作无关的事等。

(三)通用安全要求及规定

1. 沿铁道线路行走时，应走两线路中间路肩下，并注意避让邻线运行的机车、车辆。

2. 横越线路时，应走天桥、地道或平交道；过平交道口时，必须做到“一站、二看、三通过”；严禁抢越、钻车、横跨车钩。

3. 乘务员在上下车时，要紧握扶手，严禁飞乘飞降。

4. 列车运行中严禁打开车门扫倒垃圾。

5. 乘务中严禁穿高跟鞋、钉子鞋及硬底塑料鞋。

6. 列车运行中严禁向车外抛掷杂物。

7. 列车运行中严禁摘挂方向牌。

8. 列车运行中严禁在列车尾部逗留。

9. 严禁在会车时互递物品。

10. 电气化区段严禁攀高作业及车内作业时，严禁用水冲洗(洗脸间、厕所除外)。

11. 严禁在乘务室、宿营车以及非指定吸烟处吸烟。

12. 严禁在乘务中看小说、看杂志及打牌。

(四)劳动安全坚持“七做到”、执行“十四个不准”

1. 七做到。

(1)做到上班前、出乘前充分休息。

(2)做到上班时精力集中，严肃认真。

(3)做到按安全操作规程作业。

(4)做到按规定正确使用防护用品。

(5)做到横跨线路“一站、二看、三通过”。

(6)做到工作场所整洁。

(7)凡能集体出工的工种，必须做到集体收工。

2. 十四个不准。

(1)不准饮酒上岗。

(2)不准擅离岗位。

(3)不准工作时间打闹、做私活。

(4)不准钻车、爬车、跳车。

(5)不准以车代步。

(6)不准抢越线路。

(7)不准在车辆下休息。

(8)不准人、物侵入限界。

(9)不准抢点作业。

(10)不准当班睡觉。

(11)不准走轨面、线路中心。

(12)不准在边坡、危岩处休息。

(13)不准在生产现场穿高跟鞋。

(14)不准搭乘出入库机车。

(五)典型劳动安全事故

【案例 1】××次列车员以车代步死亡事故

事故经过:2006 年 2 月 19 日,××局集团公司担当西宁—北京西的××次到达××站车体入库整备时,列车员吕某、范某、苏某、李某、杨某一行五人去车库门口饭馆吃饭,饭后 5 人返回车库,当走到 13~14 车之间时车体启动,苏某、李某扒上了 13 号车,吕某、范某、杨某扒上了 14 号车,车体运行到客运整备线高站台时,吕某、范某相继跳车,吕某摔伤头部,经抢救无效死亡。

事故后果:构成责任职工工伤死亡事故,给职工家庭和运输安全生产带来无法挽回的后果。

事故原因:职工违反劳动纪律和作业纪律,以车代步是导致事故发生的直接原因。同时,暴露出相关单位对劳动安全重视不够、库内作业管理松懈、职工违章违纪严重、安全责任不落实等方面存在的深层次问题,特别是多人同时违章,事故教训极其深刻。

事故教训:

(1)高度重视职工劳动安全,深刻吸取事故教训,针对职工自我保护意识淡薄、互控制度失效等问题,采取有力措施,强化职工安全培训的针对性和实效性,提高职工劳动安全事故危害性的认识,切实加强劳动安全管理。

(2)常抓不懈职工两违问题,透过事故表象,正视劳动管理基础薄弱的现状,遏制惯性违章倾向性问题,强化现场作业受控。

(3)严格落实劳动安全作业规程,以落实乘务作业标准为基础,强化班组日常管理和现场作业“自控、互控、他控”措施,提高班组自控能力和职工劳动安全保护意识。

【案例 2】××次列车员跨越线路重伤事故

事故经过:20××年××月××日,××局集团公司担当东营—南京西的××次旅客列车到达南京西站,车体入库后,列车员李某自行外出买东西,在返回车库时被推进的客车车底轧伤双腿,造成高位截肢。

事故后果:构成责任职工重伤事故,给职工家庭和运输安全生产带来无法挽回的后果。

事故原因:违反劳动纪律和作业纪律,横越线路未执行“一停、二看、三通过”是导致事故发生的直接原因。同时,暴露出相关单位对劳动安全重视不够、库内作业管理松懈及职工违章违纪、安全责任不落实等问题。

事故教训:

(1)深刻吸取事故教训,针对职工自我保护意识淡薄、两纪松弛等问题,强化职工安全培训的针对性和实效性,提高职工对劳动安全事故危害性的认识,切实加强劳动安全管理。

(2)常抓不懈职工两违问题,严肃库内看车制度,遏制惯性违章倾向问题,强化现场作业受控。

(3)严格落实劳动安全作业规程,以落实乘务作业标准为基础,强化班组日常管理和现场作业“自控、互控、他控”措施,提高班组自控能力和职工劳动安全保护意识。

【案例 3】××次列车员跳车死亡事故

事故经过:20××年 4 月 27 日,××局集团公司担当郑州—沧口的××次旅客列车终到沧口车站后，旅客乘降完毕，××次开行向沙岭庄站送车底临时停留，当列车启动运行约30米左右时，2号车厢列车员周某从5号车后边门违章下车坠入车下被轧死亡。

事故后果：构成责任职工死亡事故，给职工家庭和运输安全生产带来无法挽回的后果。

事故原因：周某违反劳动安全规程和作业纪律，在列车行进中违章开门下车是导致事故发生的直接原因。同时，暴露出相关单位对劳动安全重视不够、乘务管理松懈及职工违章违纪、安全责任不落实，特别是折返站安全管理失控等问题。

事故教训：

(1)高度重视职工劳动安全，深刻吸取事故教训，针对职工自我保护意识淡薄、乘务作业标准不落实、违章违纪严重、管理松懈等问题，采取有力措施，强化职工安全培训，提高职工对劳动安全事故危害性的认识，切实加强劳动安全管理。

(2)常抓不懈职工两违问题，有针对性加强折返站乘务管理，遏制惯性违章倾向问题，强化现场作业受控。

(3)严格落实劳动安全作业规程和作业标准，加强班组日常管理，强化现场作业"自控、互控、他控"措施，提高班组自控能力和职工劳动安全保护意识。

二、专业安全

(一)安全风险卡控

总体原则包括以下几点。

1. 安全风险管理是指从设施设备、安全管理、人员素质等方面，查找安全隐患和薄弱环节，系统分析和评估安全风险，采取措施实施对风险因素的有效控制，达到最大限度减少或消除事故风险，保障生产经营安全。

2. 按照有利于安全工作思路优化、有利于安全基础工作的加强和各项措施的落实、有利于安全重点关键卡控的原则，在现有安全管理的基础上全面实施安全风险管理。

3. 全体干部职工必须全面强化安全风险意识，做到任何时候都把安全作为大事来抓；任何情况下都把安全放在第一位来考虑；任何影响安全的问题都要立即解决，牢牢掌握安全工作的主动权，切实强化安全生产过程控制。

4. 针对列车员在工作中易发生的车门管理、旅客携带品、非正常停车、列车乘降组织、禁烟管理等安全风险点，制定相应安全防控措施。通过制定并执行安全防控工作方案，让大家能够全面预防和控制列车安全风险，从而提高列车安全管理，为旅客提供安全、舒适的出行环境(具体见附录1安全风险点和防控措施)。

(二)旅客运输安全重点

1. 车门制度。

(1)车门管理做到停开、动关、锁，出站台检查瞭望值乘区域车门。车站开车铃声结束、旅客乘降完毕后上车放下脚踏板，在车门口值守做好关门准备(塞拉门应关闭车门)，车动关闭车门；进站提前到岗，确认站台，试开车门(塞拉门除外)，停稳开门，卡牢翻板，无旅客从背面车门下车。试开车门时开启车门缝隙不超过10厘米，确认车门状态良好后立即关闭。始发、终到客流较大时双开车门组织乘降，一人值乘多个车厢时，由车站负责值守增开的车门。

(2)列车运行中，载客车厢连接端门不锁闭，特殊情况需要锁闭时，应有工作人员监管，需要时能随时打开。车门及餐车厨房边门、走廊边门、厨房后门锁闭；行李车、发电车、邮政车端门锁闭，但与车厢连接端门锁闭后可用列车通用钥匙打开。到站前、开车后疏通通道。列车站停期间，卧车端门按照值乘范围锁闭相应车厢端门。

(3)列车首节车辆前部、尾节车辆后部设有外端门、防护栏和“禁止通行”标志，外端门运行中锁闭。餐车后厨边门窗户不是内翻可开启式的，边门外加装防护栏并加锁固定牢固。列车首尾载客车厢侧门和端门运行中锁闭，在内端门设置“旅客止步”标志。有运转车长作业的，侧门和内端门由其负责管理，无旅客通行。

(4)临时停车时做好宣传，加强巡视，确保车门锁闭，严禁旅客上下车，未经列车长统一组织不准开启车门。列车启动后四门检查瞭望。

(5)停站立岗时，面向旅客放行方向立岗(高站台时不背对车厢连接处立岗)，做好安全宣传，验票上车，重点帮扶，安全乘降。

(6)高站台乘降作业时，站停时间超过 4 分钟时，车门口与站台间使用安全踏板，组织乘降的车门与相邻车厢间空挡处设置警示带。警示带印有反光材料制作的“请勿靠近、当心坠落”字样及当前、相邻车厢顺号，设置方式、位置统一。临时双开车门组织乘降时，增开的车门可不设置安全踏板和警示带。

2. 车门自检互检要求。

(1)车门责任划分。硬座车列车员负责本车厢车门，并负责互检两端车厢邻近的两个边门；卧铺车列车员负责本车厢车门，遇代看车厢时，应对代看车厢车门进行自检，并对本车厢和代看车厢邻近两端边门进行互检；餐车内台边门白天由领厨负责，外台边门由餐车长负责，遇午休时，由餐车内、外台值班人员负责；夜间内、外台边门均由值班炊事员负责；行李车两端边门、货仓仓门、通过门由行李员负责；邮政车两端边门、货仓仓门、通过门由邮政押运人员负责。

(2)车门自检互检顺序及范围。遇卧车“三人两车”时，自检作业端 2 个车门→互检相邻车厢 2 个车门→自检本车厢另一端 2 个车门→互检本车厢另一端相邻车厢 2 个车门；卧车“两人两车”时，自检作业端 4 个车门→分别自检另外两端 4 个车门和互检相邻车厢 4 个车门。

(3)临时停车时，应加强责任范围内车内巡视和车门盯控，确保车门锁闭，临时停车列车启动后，乘务员须按照自检互检责任区进行车门检查，认真执行出站瞭望制度。

3. 动车组运行区段安全管理。

在动车组运行区段的各次旅客列车，各车厢乘务员在库内、始发站、折返站对餐车和列车两端的安全防护栏等外部悬挂物进行检查，确保安牢锁死。对不能牢固固定的外部悬挂物，要将其卸下并妥善放置，严防客车外皮可移动设备坠落造成人员伤亡。运行中各车厢列车员要加强“严禁向窗外抛扔废弃物”的宣传和管理。列车长要组织各车厢列车员提前锁闭与动车组会车一侧的车窗，检查车门、车窗锁闭情况。对列车各工种作业情况及硬质包装品回收情况进行检查。各车厢乘务员和售货员要及时回收空酒瓶和其他废弃物，及时制止旅客向窗外抛扔废弃物的行为，售货员在出售酒类及其他商品同时要做好安全宣传。

旅客列车在动车组运行区段发生车门故障和车窗破损时，乘务人员要加强自身安全防范，站稳扶牢，禁止靠近故障车门、车窗，通知列车长和检车人员及时到位进行修复或临时封闭，并在故障处设置警示标志。

4. 旅客人身伤害的防范。

(1)开启车窗时,要劝阻旅客不要将头、手伸出窗外,非空调车落放车窗时要注意车窗下是否有人和物品,防止挤伤、压伤。

(2)劝阻旅客不要站在取用开水处、车厢连接处、乘务室门口、卫生间门口,手不要扶在门挡、风挡、门缝处,并及时向在连接处、洗脸间、卫生间、乘务室门口处逗留的旅客进行安全宣传。

(3)对易发生旅客人身伤害的位置,要在重点时段和人员集中处做好安全宣传。

(4)整理行李架时,确保物品摆放牢固、平稳,做到大不压小、重不压轻,较重的物品、铁器、锐器、杆状物品、玻璃物品及圆形类物品放在座位下面,防止行李坠落伤人;提醒取放行李物品的旅客站稳,小心由于列车晃动或制动造成摔伤。

(5)乘务员取送开水时,要勤打招呼,稳步慢行。提醒旅客取开水时不要接得过满,防止列车运行晃动走路不稳,烫伤他人或自己。

(6)乘务员在当班中要随时保持通过台、连接处、卫生间、洗脸间的地面无积水、无杂物,提醒旅客车厢内行走时走稳、慢行。对乘坐卧铺的旅客,要提醒上下铺时做到脚踩稳、手抓牢,休息时尽量靠里防止列车制动摔下铺位;提醒带小孩的旅客,不要让小孩独自玩耍。

(7)乘务员要提醒旅客购买有资质的站车食品、饮品,不要购买围车、跟车叫卖的食物,发现有跟车叫卖的小商小贩及时告知列车长、乘警进行处置。

(三)旅客列车消防管理

1. 列车员消防岗位职责。

(1)严格遵守消防安全规章制度,坚守岗位,落实防火措施。

(2)严格执行各项操作规程,正确使用灭火逃生、紧急断电按钮等应急设备,发现故障及时报告。

(3)掌握常见易燃易爆危险品的种类、性质和识别方法,做好查堵工作。

(4)认真巡视,劝阻和制止旅客在车厢内吸烟。

(5)列车发生火灾时,按预案做好应急处置。

2. 乘务员消防工作“四懂四会”。

“四懂”:懂得本岗位的火灾危险性、懂得预防火灾的措施、懂得扑救火灾的方法、懂得逃生的方法。

“四会”:会使用消防器材、会报警、会扑救初起火灾、会组织疏散逃生。经考试合格后方可上岗。

3. 灭火的四种方法。

(1)冷却法:用水对可燃物冷却使其不能燃烧,是常用的灭火方法。但这种方法不能扑救带电设备的火灾。

(2)隔离法:将可燃物与附近的可燃物分开,使燃烧停止。

(3)窒息法:阻隔可燃物与氧(空)气的接触,使燃烧停止。

(4)化学抑制法:采用化学方式,产生二氧化碳,使燃烧区没有足够氧气,使燃烧停止。

4. 危险品查堵。

(1)危险品的定义。危险品是指具有易燃、易爆、毒害、腐蚀、放射性的物品和传染病病原体及枪支、管制器具等可能危害公共安全的物品。

(2)危险品种类。危险品主要包括爆炸品;气体类危险货物;易燃液体;易燃固体、易于自燃的物质、遇水放出易燃气体的物质;氧化性物质和有机过氧化物;毒性物质和感染性物质;放射性物品;腐蚀性物质;杂项危险物质和物品(具体见附录 2 铁路旅客禁止、限制携带和托运物品目录)。

(3)危险品的查堵及处置方法

危险品查堵六字法:宣、看、闻、问、摸、查。

宣——向旅客宣传禁止携带危险品上车的规定,以及违反规定携带危险品上车可能导致的危害和必须承担的法律责任。

看——观察旅客携带品的外部形状,旅客神态是否可疑。

闻——旅客携带品是否有可疑气味,如汽油、煤油、香蕉水、油漆挥发出的气味。

问——向旅客询问携带品的品名。

摸——用手触摸,感知旅客携带品的物理性状是否可疑。

查——对旅客携带品实行开包检查。尽量由旅客自己打开行李接受检查,如旅客不愿配合,可向列车长和乘警汇报,由列车长和乘警处理。开包检查时,应注意不要对旅客行李物品造成损坏。

旅客列车成立由列车长负责,其他乘务组成员参加的安检工作小组,加强日常安全巡视,对发现的可疑物品及时检查处置。

对怀疑为危险物品,但受客观条件限制无法认定其性质的,旅客或托运人又不能提供该物品性质或可以经旅客列车运输的证明时,车站有权拒绝其进站乘车或托运,列车应终止其旅行或托运,由列车长编制客运记录,交前方停车站处理。

在列车上查获的禁限物品由列车工作人员妥善保管,并根据物品性质按站车交接程序向前方停车站或车站派出所移交。

(四)反恐基本常识

1. 旅客列车反恐装备配置标准。

配备范围:各次旅客列车(国际列车、过港列车除外)。

配备品种:防割手套、伸缩棍、约束带、伸缩式腰叉、臂盾。进出京、沪、穗、疆、藏、昆的列车至少应配置一条防爆毯。其中,防割手套、伸缩棍、约束带按班组配置,伸缩式腰叉、臂盾、防爆毯按车底配置。

2. 等级确定。

铁路反恐怖和治安防范实行等级防范,由低至高依次分为三级防范、二级防范、一级防范。其中,三级防范为常态下防范,二级防范和一级防范为非常态下加强和超常防范。

识别涉恐人员:精神异常、着装异常、物品异常、行为异常、有明显标志。

识别涉恐车辆:状态异常、停留异常、人员异常、行驶异常、物品异常。

识别涉恐人员住所:作息异常、室内异常、垃圾异常、交往异常、物品异常。

3. 三级反恐怖和治安防范等级标准。

(1)列车成立由列车长负责,其他工作人员组成的反恐怖防范工作小组,具体业务由乘警指导、检查、督促落实。无乘警值乘的,应选配经培训合格的专职安全员。列车应组建列车应急处置小组,每个班组保证 3～9 名男性职工(无乘警列车,人数不得少于 5 名)。在每节车厢至少物色 1 名旅客担当治安联防员。

(2)列车工作人员应按规定落实旅客实名制验票验证和车上行李物品安全检查工作。

(3)列车工作人员在运行途中应加强对车厢通过台、厕所等重点部位的巡检。

(4)列车工作人员应每半年开展1次以上反恐怖(治安防范)知识培训,班组每月开展1次以上反恐怖应急处突演练。

(5)列车所有工作人员要注意日常工作中涉恐人员、物品、线索信息收集,一旦发现关注人员乘车,立即报告公安机关。关注人员乘车信息要及时通报到达车站,变更下车站的要及时通知下车站。以“五分钟报告”和“第一站处置”为刚性要求,有重点嫌疑的要上报至公安局指挥中心。

4. 反恐防暴口诀。

勤于巡查、异常报警、自我保护、疏散旅客、取械应对、合力制暴。

5. 应对刀斧砍杀暴恐袭击的处置要领。

(1)乘警、列车长等应急力量立即赶赴事发车厢。列车长向司机简单通报情况,做好应急停车后的防护准备。

(2)列车工作人员对现场旅客进行疏散,视情况锁闭车厢端门、拉下紧急制动阀停车。

(3)立即呼叫报警、拨打急救电话,通报事发地公安机关及前方停车站,由乘警组织列车工作人员、旅客开展对抗反击或者逃生。

(4)敌我力量悬殊,不能及时有效进行处置时,要立即报告情况,请求支援。

(5)暴力恐怖活动发生在高速列车(动车组列车)的,乘警、列车长要安排人员注意司机室等重点部位防护,并立即报告列车调度部门,采取应对措施。

6. 应对劫持暴恐袭击的处置要领。

(1)列车长、乘警应立即赶赴事发车厢,与暴力恐怖分子进行先期谈判,尽力争取人质的安全释放,同时迅速上报情况,请求就近警力支援。

(2)先期谈判的同时,注意观察暴力恐怖分子的人数、所处位置以及劫持人质的手段和方式,及时疏散旅客,视情况封闭车厢端门。

(3)如条件允许,在保证人质安全的情况,伺机制服劫持者;如条件不允许,尽量稳定劫持者情绪,拖延时间,等待支援力量。

(4)处置过程中,列车长要组织列车工作人员做好高铁列车(动车组列车)的司机室的防护工作,及时通知列车司机联系行车调度部门,做好停车准备。停车的,应将列车引入侧线或专用线等空旷场所进行处置。

第三节　综合知识

一、法律法规

(一)《中华人民共和国铁路法》相关知识

1. 铁路的范畴。

铁路包括国家铁路、地方铁路、专用铁路和铁路专用线。

(1)国家铁路是指由国务院铁路主管部门管理的铁路。

(2)地方铁路是指由地方人民政府管理的铁路。

(3)专用铁路是指由企业或者其他单位管理,专为本企业或者本单位内部提供运输服务的铁路。

(4)铁路专用线是指由企业或者其他单位管理的与国家铁路或者其他铁路线路接轨的岔线。

2. 铁路的管理机构。

国务院铁路主管部门主管全国铁路工作,对国家铁路实行高度集中、统一指挥的运输管理体制,对地方铁路、专用铁路和铁路专用线进行指导、协调、监督和帮助。

国家铁路运输企业行使法律、行政法规授予的行政管理职能。

3. 铁路运输企业的性质。

必须坚持社会主义经营方向和为人民服务的宗旨,改善经营管理,切实改进路风,提高运输服务质量。

4. 铁路运输企业的旅客运输职责。

(1)应当保证旅客按车票载明的日期、车次乘车,并到达目的站。因铁路运输企业的责任造成旅客不能按车票载明的日期、车次乘车的,铁路运输企业应当按照旅客的要求,退还全部票款或者安排改乘到达相同目的站的其他列车。

(2)铁路运输企业应当采取有效措施做到旅客运输服务工作,做到文明礼貌、热情周到,保持车站和车厢内的清洁卫生,提供饮用开水,做好列车上的饮食供应工作。

(3)铁路运输企业应当采取措施,防止对铁路沿线环境的污染。

5. 发生铁路运输合同争议的处理。

发生铁路运输合同争议的,铁路运输企业和托运人、收货人或者旅客可以通过调解解决;不愿意调解解决或者调解不成的,可以依据合同中的仲裁条款或者事后达成的书面仲裁协议,向国家规定的仲裁机构申请仲裁。当事人一方在规定的期限内不履行仲裁机构的仲裁决定的,另一方可以申请人民法院强制执行。当事人没有在合同中订立仲裁条款,事后又没有达成书面仲裁协议的,可以向人民法院起诉。

(二)《铁路安全管理条例》相关知识

1. 铁路安全管理方针。

铁路安全管理坚持安全第一、预防为主、综合治理的方针。

2. 国务院铁路行业监督管理机构职责。

国务院铁路行业监督管理部门负责全国铁路安全监督管理工作,国务院铁路行业监督管理部门设立的铁路监督管理机构负责辖区内的铁路安全监督管理工作。国务院铁路行业监督管理部门和铁路监督管理机构统称铁路监管部门。

国务院有关部门依照法律和国务院规定的职责,负责铁路安全管理的有关工作。

3. 安全生产管理制度。

从事铁路建设、运输、设备制造维修的单位应当加强安全管理,建立健全安全生产管理制度,落实企业安全生产主体责任,设置安全管理机构或者配备安全管理人员,执行保障生产安全和产品质量安全的国家标准、行业标准,加强对从业人员的安全教育培训,保证安全生产所必需的资金投入。

铁路建设、运输、设备制造维修单位的工作人员应当严格执行规章制度,实行标准化作业,保证铁路安全。

4. 突发事件应急处置。

铁路监管部门、铁路运输企业等单位应当按照国家有关规定制定突发事件应急预案，并组织应急演练。

5. 禁止扰乱铁路建设、运输秩序。禁止损坏或者非法占用铁路设施设备、铁路标志和铁路用地。

任何单位或者个人发现损坏或者非法占用铁路设施设备、铁路标志、铁路用地以及其他影响铁路安全的行为，有权报告铁路运输企业，或者向铁路监管部门、公安机关或者其他有关部门举报。接到报告的铁路运输企业、接到举报的部门应当根据各自职责及时处理。

对维护铁路安全作出突出贡献的单位或者个人，按照国家有关规定给予表彰奖励。

6. 禁止实施下列危害电气化铁路设施的行为：

(1)向电气化铁路接触网抛掷物品；

(2)在铁路电力线路导线两侧各 500 米的范围内升放风筝、气球等低空飘浮物体；

(3)攀登铁路电力线路杆塔或者在杆塔上架设、安装其他设施设备；

(4)在铁路电力线路杆塔、拉线周围 20 米范围内取土、打桩、钻探或者倾倒有害化学物品；

(5)触碰电气化铁路接触网。

7. 禁止实施下列危害铁路安全的行为：

(1)非法拦截列车、阻断铁路运输；

(2)扰乱铁路运输指挥调度机构以及车站、列车的正常秩序；

(3)在铁路线路上放置、遗弃障碍物；

(4)击打列车；

(5)擅自移动铁路线路上的机车车辆，或者擅自开启列车车门、违规操纵列车紧急制动设备；

(6)拆盗、损毁或者擅自移动铁路设施设备、机车车辆配件、标桩、防护设施和安全标志；

(7)在铁路线路上行走、坐卧或者在未设道口、人行过道的铁路线路上通过；

(8)擅自进入铁路线路封闭区域或者在未设置行人通道的铁路桥梁、隧道通行；

(9)擅自开启、关闭列车的货车阀、盖或者破坏施封状态；

(10)擅自开启列车中的集装箱箱门，破坏箱体、阀、盖或者施封状态；

(11)擅自松动、拆解、移动列车中的货物装载加固材料、装置和设备；

(12)钻车、扒车、跳车；

(13)从列车上抛扔杂物；

(14)在动车组列车上吸烟或者在其他列车的禁烟区域吸烟；

(15)强行登乘或者以拒绝下车等方式强占列车；

(16)冲击、堵塞、占用进出站通道或者候车区、站台。

二、职业道德

(一)职业道德的定义

随着社会分工和职业的发展，人们的各种社会联系变得日益紧密，职业利益和职业关系也日趋复杂。为了有效地调整职业利益和职业关系，就要对职业行为主体在职业活动中的行为，以及对社会承担的职业责任和义务进行规范，职业道德应运而生。

所谓职业道德，就是职业生活领域的道德，是同人们的职业活动紧密联系的、具有自身职业特征的道德原则、规范的总和。

在社会生活中，我们存在着社会道德，在职业中，我们有自己的职业道德。当我们穿上自己的工作制服，就要有一种责任感，尽力去做好我们自己的工作，做到最好，而不应去做工作之外的事。

（二）职业道德的基本要素

1. 职业理想。

人生发展的目标是通过职业理想来确立，并最终通过职业理想来实现。有了明确的、切合实际的职业理想，再经过努力奋斗，人生发展目标必然会实现。

2. 职业态度。

职业态度就是指个人对职业选择所持的观念和态度。

3. 职业义务。

一般说来，责任就是义务。职业义务就是企业和劳动者对社会、对人民群众所承担的职业责任。职业义务作为一种职责，是“应该做的”。这种“应该做的”只有变成劳动者的内心要求时，才能“自觉地履行”。

4. 职业纪律。

职业纪律是劳动者在从业过程中必须遵守的从业规则和程序，它是一种行为规范。它要求从业者在职业生活中遵守秩序、执行命令和履行责任。

5. 职业良心。

所谓职业良心，是指从业人员在履行对他人和社会的职业义务的道德责任感和自我评价能力，是个人道德认识，道德情感，道德意志，道德信念，道德行为的统一。

6. 职业荣誉。

职业荣誉包含着两方面的内容：一方面，对从业者履行职业义务的道德行为的赞扬；另一方面，是指从业者在职业良心中所包含的自爱和自尊。概括起来，所谓职业荣誉，就是对职业行为的公认的客观评价和正确的主观认识；是职业义务和职业良心的价值尺度。

7. 职业作风。

所谓职业作风，是指从业者在其职业实践和职业生活中所表现的一贯态度。职业作风是职业道德在从业者职业行为中的习惯性表现。一个职业团体有了优良的职业作风，就可以互相教育、互相影响、互相榜样、互相监督，形成良好的职业舆论和职业风尚。

（三）铁路职业道德修养

铁路职业道德修养是职业道德修养的一个分支。职业道德修养是指从业者在职业活动中，经过自我改造、自我陶冶和自我提高的过程，在职业行为中对善与恶、美与丑、是与非等方面形成正确而稳定的信念，并自觉按照社会主义职业道德基本原则和规范调节自己的行为，使其符合社会主义职业道德要求的道德活动。

铁路职业道德修养是指铁路人按照铁路兴业的道德原则和道德规范所进行的自我教育和自我改造，以及铁路人在工作实践中形成的具有职业特色的道德情操和所达到的道德境界。

铁路职业道德修养的目的在于培养铁路人高尚的道德品质，忠实地履行职业道德行为，也就是说，把作为理论、规范形态的外在的铁路职业道德要求，转化为铁路人内在的意识和信念，使之成为自己道德选择的依据，进而逐步形成良好的行为和习惯，最终成为一个具有高尚职业道德的铁路人。

第二部分　实作技能

第四章　基本技能

第一节　设施设备异常处置

一、旅客列车车门异常

(一)旅客列车车门异常到站后车门无法开启

1. 如动车组列车自动开门装置故障或特殊情况需单独开关门时，由司机通知列车工作人员手动开关车门，同时引导旅客到相邻车门上下车，手动关门后，列车长、随车机械师等相关人员应及时通知司机。普速旅客列车列车员要及时开启相邻车厢车门组织旅客乘降，并立即向列车长报告；列车长接报后要立即向车辆乘务员和站台客运(值班)员通报情况，并立即赶赴现场；在确认旅客乘降完毕前，站车不得联控发车。

2. 车辆乘务员(随车机械师)接报后要立即赶赴事发车厢对故障车门进行处理。如故障不能排除，但不影响运行安全时由车辆乘务员(随车机械师)对故障车门进行隔离，客运班组变更故障车厢乘降方案；如故障不能排除，且影响运行安全，列车长、车辆乘务员(随车机械师)分别向列车运行所在地铁路局集团公司调度汇报；在影响运行安全的故障排除前，车站不得组织发车。

(二)列车站停时的应急处置

1. 列车启动前发现车门无法关闭时，动车组列车司机应立即通知列车长、随车机械师到场处理；普速旅客列车工作人员立即联控站台工作人员不得发车，并通知列车长、车辆乘务员到场处理。

2. 车门无法关闭但列车已启动时，列车工作人员应立即使用紧急制动阀停车，同时迅速通知列车长、车辆乘务员到场处理。

3. 旅客未乘降完毕列车启动时，站车工作人员发现后应立即按规定通知司机停车；列车上不具备呼叫条件时，应立即使用紧急制动阀停车。站车工作人员应坚持“宁漏勿扒”的原则，立即劝阻疏散正在乘降的旅客到安全白线以内，列车员应尽可能及时撤下安全踏板。

4. 列车长要将应急处置情况及时向所在地铁路局集团公司客调和本局集团公司客调报告。

5. 在遇到列车车门故障时，随车机械师(车辆乘务员)迅速判断不同车型差异划分，并针对性做出相应处置工作，客运乘务人员要做好安全防护，确保旅客列车运输安全。

(三)列车运行中的应急处置

1. 普速旅客列车工作人员发现车门开启(含旅客报告)时，按照“谁发现、谁锁闭”的原则，由列车工作人员立即锁闭车门，并向列车长通报情况，列车长、车辆乘务员对车门状态进行确认；动车组列车在运行中车门发生故障开启时，列车乘务组发现或接到旅客报告后，应立即使用紧急制动装置(紧急制动阀)或通知司机立即停车,司机接到通知时,应立即采取停车措施。

2. 车站助理值班员发现车门开启时,应呼叫列车车辆乘务员(或呼叫司机通知车辆乘务员),车辆乘务员应及时就近锁闭或通知列车长指派就近列车员锁闭,列车长、车辆乘务员对车门状态进行确认。

3. 1、2款的情形中,如车辆乘务员现场确认车门无法正常关闭的,列车长、车辆乘务员分别向所在铁路局集团公司客运调度、车辆调度汇报,在前方站停车处理,期间由列车长指派工作人员做好防护;如遇车门口有人员难以疏散、扒车、坠落等严重危及人身、行车安全时,列车上首先到达车门现场的工作人员应迅速果断使用紧急制动阀停车。

二、异音应急处置

1. 列车工作人员发现(或接到反映)车辆下部有拖、拉、击打声、上下振动声、连续摩擦声等异音时,要立即向列车长和车辆乘务员报告,由车辆乘务员检查判明故障原因;如发生明火、浓烟或剧烈振动等严重异常情况,要立即使用紧急制动阀停车。

2. 如需下车检查,由车辆乘务员向司机报告请求停车,并按规定程序下车检查确认;如使用了紧急制动阀停车,由车辆乘务员按规定向司机报告紧急制动阀使用原因。

3. 如故障暂不能修复,但不影响行车安全时,由车辆乘务员临时应急处理,并将处理结果、监护、限速运行需求等向司机报告,必要时预报前方车站协助处理。

4. 如故障影响行车安全且不能修复时,由车辆乘务员通知司机,司机向列车调度员或车站值班员报告,并请求救援。处置过程中,列车工作人员要做好旅客宣传解释安抚工作,加强车内巡视,维护车内秩序。

三、异状应急处置

1. 遇有车辆突发剧烈上、下跳动;车体剧烈摆动;连接处明显下垂;走行部有剧烈连续的摩擦震动声等异状时,列车工作人员应立即向列车长报告,经车辆乘务员确认后,根据指示采取紧急停车措施。车辆乘务员按规定向司机报告使用紧急制动阀原因,并按规定程序下车检查确认车辆损伤情况。

2. 如故障暂不能修复,在不影响行车安全的情况下,车辆乘务员临时应急处理,并将处理结果、监护、限速运行需求等向司机报告,必要时预报前方车站协助处理。在限速运行过程中,车辆乘务员要密切监视故障车辆状况,如有异常应立即采取紧急停车措施并通知司机,司机向列车调度员报告,并请求救援。如故障影响行车安全且不能修复时,由车辆乘务员通知司机,司机向列车调度员或车站值班员报告,并请求救援。

3. 处置过程中,列车工作人员要做好旅客宣传解释安抚工作,加强车内巡视,维护车内秩序。

第二节　非正常情况应急处理

一、消防演练

【模块一】　场景模拟

演练说明:旅客携带的编织口袋因放座位下与暖气罩接触,造成行李内部阴燃,后工作

人员进行抢救，及时控制火情。

【模块二】　应急疏散

演练说明：某车厢某座位处突发火情，火势较大，现场工作人员将旅客向两侧车厢进行紧急疏散，禁止穿越火场，做好安全宣传。

【模块三】　迅速扑救

演练说明：确认着火原因，就地取材灭火；根据火情大小，及时转移危险源，防止蔓延；及时向起火车厢传递灭火器。

【模块四】　地面疏散

演练说明：着火车厢全部人员向安全车厢疏散完毕，但火势仍未得到有效控制，需将旅客疏散至地面。

二、反恐演练

【模块一】　处突集结

演练说明：器械使用。按应急分工，迅速取拿器械并在其预设事发车厢集结，检验对器械定位位置是否清楚，处突小组器械分工是否明确。

【模块二】　前期处置

演练说明：通过公安指挥中心得知重点人员乘车信息后，列车长会同乘警迅速赶到现场判明情况，查明嫌疑人基本情况及所带行李物品情况。处置过程要遵循"逐一检查，同等对待"的原则。

【模块三】　涉恐人员在车内泼洒不明液体

演练说明：列车运行途中，涉恐人员在车内向旅客泼洒不明液体，车厢内弥散有臭鸡蛋味。班组进行旅客疏散、合力制暴、车厢隔离、伤员救治、信息上报等流程。针对车厢内有臭鸡蛋味，可初步判别为有毒气体，演练过程中需体现手捂口鼻，逆风向直立行走撤离。

【模块四】　后续处置

演练说明：场景演练。可疑人员下车后，班组需对列车进行排查。重点掌握排查部分，排查可疑人员出入地点，如厕所、座椅、行李架等部位。

三、旅客疾病处置演练

【情境一】　重病旅客上车

演练说明：设定某车厢列车员发现一名重病旅客上车后，列车员及时通报列车长，并开展后续处置，遵循"服务到位，提示到位，监控到位，材料收集到位"的原则。

【情境二】　突发疾病

演练说明：设定某车厢一名旅客突发疾病，其突发心肌梗死，情况危急，班组开展一系列应急救助措施，演练过程遵循"旅客生命第一"原则。

四、列车突然启动演练

演练说明：××车次停于××站，××车厢约10名旅客正在乘降，列车突然启动，5名旅客随车奔跑，扒车。事发车厢列车员、当班列车长及时采取措施，保证旅客生命安全，漏乘车厢车门及时关闭，信息及时汇报，如危及旅客生命安全时迅速使用紧急制动阀停车。

五、列车发生治安事件演练

演练说明：预设事发车厢两名旅客应某事发生口角并带有肢体冲突，列车员发现后立即通知列车长，在列车长及乘警到达现场前，对打架旅客应尽力进行劝阻，防止事态扩大。

六、行为异常旅客处理

演练说明：列车员巡视车厢，发现一旅客神情恍惚，无同行人，且伴有攻击性行为。班组根据预设演练场景开展应急演练工作，围绕“早发现、早处置、确保旅客和自身安全”的原则进行处置。

第五章　专业技能

第一节　旅行服务

一、语言服务

(一)文明用语

1. 服务用语的基本

服务过程中熟练运用普通话,语言表达规范、精确、简洁、得体、不产生歧义。

2. 服务用语的规范使用

服务过程中熟练使用规范的服务用语为旅客服务,并按各种服务场景模拟服务过程。

(二)基本通告用语

1. 列车广播基本要求

(1)列车停站信息预播报及时。执行"一站两报",即开车后预告下一到站站名和时刻;到站前(不晚于到站前 10 分钟)再次通报。

(2)广播及集中控制的视频播放时间为 7:00—12:30、15:00—21:30。列车在 7:00 以前或 21:30 之后始发或终到的,或者根据季节、昼夜变化情况,可以提前或顺延 30～60 分钟,其他时间只能播报应急广播。途经地区与北京时间存在时差时,可适当调整。

2. 通告用语

(1)开车后预报:"一报"

女士们、先生们:欢迎您乘坐中国铁路××局集团有限公司列车。列车前方到站××站。

(2)到站前通告:"二报"

女士们、先生们:列车即将到达××站,下车的旅客请您携带好行李物品到车门口等候,下车时请紧握扶手,注意脚下安全,带小孩的旅客请看护好小孩,感谢您的配合。

(3)验票通告

女士们、先生们,现在列车工作人员将开始核对车票,请您提前、准备好购票时使用的有效身份证件、对票、证、人不一致的,列车确认无购票信息的旅客将按规定办理补票手续;购买减价优待未办理核验或不符合减价优待条件时;将补收票价差额。请需要办理补票手续的旅客与列车乘务人员联系,感谢您的配合。

(4)补票通告

女士们、先生们,欢迎您乘坐中国铁路××局集团有限公司列车,有需要办理补票手续的旅客,请到××号车厢或联系列车工作人员办理。

二、重点旅客服务

重点旅客:指老、幼、病、残、孕旅客。特殊重点旅客是指依靠辅助器具才能行动等需特殊照顾的重点旅客。

(一)老年旅客

老年旅客的服务要点包括以下几点:

1. 主动、热情的搀扶老年旅客上下车,帮助提拿、安放行李、找座位(搀扶时应缓慢行走)。老年旅客就座后,乘务员要主动介绍座椅靠背、小桌板调节的位置及使用方法,车内其他服务设备,如电茶炉、洗手间、清洁袋等设施的位置及使用方法;必要时可帮助老人接开水,可委托邻座旅客,在老人需要服务时帮忙呼叫乘务员。

2. 对于行动不便的老年旅客,在供餐期间应主动询问老人是否需要送餐,主动介绍适合老人食用的品种,送到后帮助其撕开包装。旅途中经常去看望并主动嘘寒问暖,询问有何帮助,与老年旅客谈话时,音量适中,速度要慢,语言要简练柔和,如遇个别不能听懂普通话的老人可使用方言小声交流。

3. 老年旅客下车时主动帮助其提拿行李,并提醒他别忘了自己所携带的物品,必要时联系到站做好交接。

(二)儿童旅客

儿童旅客服务要点包括以下几点:

1. 主动向儿童乘客的监护人做好乘车安全提示,提醒旅客要注意乘车安全,不要在车内奔跑吵闹、攀爬座椅、单独接开水、中途站下车、玩小桌板等,以免发生意外或妨碍他人。

2. 提醒并协助监护人随时看护好儿童,尤其是途中停站期间,不要让儿童单独下车,避免漏乘,重点提示下车安全注意事项,注意车体与站台间的缝隙,避免踏空摔伤或掉落。主动介绍服务设施,提示勿碰红色按钮及设备,做好重点照顾。

(三)病残旅客

1. 病残旅客的服务特点。

与车站做好交接,指定专人负责;了解病情状况,旅途中需要特别帮助的事宜,安慰旅客,不用担心旅途,全程有乘务员照顾;向旅客讲解服务设施的用法,特别是多功能卫生间的位置和使用方法;途中主动嘘寒问暖,为有需求的旅客主动联系到站做好交接。

2. 病残旅客的服务要点。

(1)盲人旅客。为盲人旅客服务时,搀扶的正确方法是旅客扶住你的手臂,在上下车或有障碍时告诉旅客,向无人陪伴的盲人作自我介绍,帮助他确定座椅的方向及位置,并详细解释一切服务细节,供餐期间主动询问旅客是否需要送餐服务,送餐时应详细介绍餐盘内食物及位置,便于其食用,并应提前询问是否需要换乘或有无家人朋友接送,提前通知到站车站,做好站车交接。

(2)聋哑旅客。征得同意后,向无人陪伴的聋人以书写方式作自我介绍,提前询问是否换乘,并将车内设备、乘车注意事项向聋人或同行人进行介绍,包括卫生间、电茶炉、车内禁止吸烟等,到站前应先行询问是否需要换乘,提前通知到站车站,做好站车交接。

3. 病残旅客服务的注意事项。

非必要，尽量不要宣扬盲人、聋哑等旅客的特殊性，不要注目讨论、触碰旅客残肢，保护其隐私。

(四)孕妇旅客

乘务员发现单独乘车的孕妇旅客，要帮助旅客提拿随身携带物品，并妥善安放，若孕妇座位不方便活动，可协助孕妇旅客与其他旅客商量更换座位，经旅客同意后，帮扶孕妇旅客更换。

主动介绍车内服务设备的使用方法，特别是多功能卫生间、座椅靠背调节位置和使用方法；乘务人员重点关注，旅途中嘘寒问暖，但不要过多打扰；供餐期间提供送餐服务；若旅客行李过多无法独自出站，应提前联系车站，做好站车交接。

(五)携带婴儿的旅客

乘务员发现单独带婴儿的旅客，要帮助旅客提拿随身携带物品，并妥善安放，安排好座位，提示旅客保护好婴儿，不要将婴儿的头或脚超过过道，避免被碰伤。

主动介绍车内服务设备的使用方法，特别是多功能卫生间、婴儿护理台的位置和使用方法；乘务人员巡视中要重点关注旅客乘车情况，根据旅客动态询问是否需要帮助等；在巡视时，一旦听到婴儿哭泣或异常声响，乘务员应在第一时同前去查看，以便能在最短的时间内为其提供相应服务或所需物品；旅客到站列车进站前，帮助监护人整理好随身携带物品至车门口，到站后帮扶旅客下车，若监护人单独带婴儿乘车，行李过多无法出站时，提前联系车站接车，填写重点旅客交接单与车站办理交接。

(六)特殊重点旅客

特殊重点旅客登车时，乘务员要主动迎上去，向旅客问候的同时询问对方需要怎样的特殊帮助，注意关注特殊重点旅客心理需求，征得同意后在提供相应帮助。

向旅客或其同行人讲解旅客服务设施的用法，特别是多功能卫生间的位置，旅途中注意照顾，征求旅客意见关于到站后的服务需求，做好站车交接；乘务员帮扶特殊重点旅客下车，需搀扶或拿取行李的做好协助。

第二节　车容整理

一、卫生清洁

1. 车厢内各处所应该清扫及时，保持整洁卫生。

2. 各处所地面墩扫及时，干燥、干净；台面、桌面、面镜擦抹及时，干净、无水渍；中途站擦扶手，低站台停车时擦翻板扶手。

3. 洗脸(手)池、电茶炉沥水盘、餐车洗碗池清理、擦抹及时，无污渍，无残渣，无堵塞，无积水；果皮盘、垃圾箱(桶)清理及时，无残渣；厕所畅通无污物，无异味，集便式厕所按规定吸污。

4. 洗手液、卫生纸、面巾纸、一次性坐便垫圈等备品补充及时；卧具污染更换及时。

5. 垃圾装袋、封口、无渗漏，定位放置，在指定站定点投放；不向车外扫倒垃圾、抛扔杂物。

二、整理车容

1. 会折叠旅客毛巾，整理毛巾杆。

2. 能正确整理行李架上的物品。

3. 行李架上物品平稳、牢固、长顺短横、大不压小、重不压轻。

4. 较重的物品、锐器、杆状物品、玻璃制品等应放在座位下面。

三、备品、清扫工具等定位摆放

1. 布制备品定位存放在备品柜内。无备品柜或备品柜容量不足的，硬卧车定位放置在4号、5号、18号、19号卧铺下，软卧车定位放置在3号、7号、11号卧铺下。

2. 车内清扫工具放置在清洁柜内，无清洁柜的定位隐蔽存放。有厕所专用清扫工具，定位存放厕所内或与车内清扫工具分开放置在清洁柜内，不影响旅客使用空间。

四、更换、折叠、摆放卧具及管理规定

1. 卧具终点站收取，贴身卧具一客一换。

2. 卧具叠放整齐，摆放统一，床单、头枕套、座席套、茶几布等铺设平整，干净整洁。

3. 贴身卧具(被套、床单、枕套)和头靠套干燥、清洁、平整，无污渍、无破损。已使用与未使用的折叠整齐，分别装袋保管。可使用独立包装的贴身卧具供途中、折返更换。

4. 卧车垫毯、被芯、枕芯等非贴身卧具备品干燥、清洁，无污渍、无破损，定期晾晒。被芯、枕芯先加装包裹套，再使用被套、枕套。包裹套半年清洗一次，保持干燥整洁。

附录 1

安全风险点和防控措施

风险研判					防控措施
序号	风险名称	风险等级	风险描述（风险致因）	危害程度（可能后果）	
1	车门管理风险	较大	未严格执行车门管理制度，车门漏锁、敞门运行 车门锁失效、未认真检查发现 非工作人员擅自打开车门未发现 列车员未认真核对电子席位单，人、证一致性，起不到实名制反恐安全卡控作用 列车员提前关门	1. 敞门运行被叫停，耽误行车，构成行车事故。 2. 无票或伺机作案人员谎称票在车上、刚从车上下来买东西，如果列车员没有经过核实便让其上车，事后也未进行追踪，使无票或伺机作案人员能轻易得以蒙混上车。 3. 发生抓爬列车造成人员伤亡	1. 库停列车守车作业，首尾两端车厢边门不锁闭下锁，只锁闭上锁，便于车辆、机务等作业人员开门乘降进行车内作业。遇有车辆、机务等作业人员开门乘降，列车长要指定 1 名库内守车人员进行车门看护，确保安全。 2. 接车班组列车长必须在站台接车并随车入库，同时在列车启动前，对全列车门进行检查。 3. 严格执行每站自检互检车门的制度。 4. 临时停车时，查看车门，开车后检查车门锁闭情况。 5. 发现车门锁作用不良或失效的，立即采取安全防护措施，通知检车修复。 6. 对无法修复的，列车长要安排、采取安全措施重点盯控。 7. 普速旅客列车在车门全覆盖验票，遇客流较大等特殊情况，可在征求列车长的同意下让旅客先上车后再补验。针对下车至站台购物、透气旅客须重新验证后方可上车。 8. 列车员要认真执行乘降组织要求，杜绝发生提前离岗、提前关门、晚开车门、不验证上车等问题

续上表

风险研判					防控措施
序号	风险名称	风险等级	风险描述（风险致因）	危害程度（可能后果）	
2	大客流乘降组织风险	一般	遇客流较大等特殊情况车门口全覆盖核验可能造成列车超站停时	列车超站停	1. 遇客流较大等特殊情况车门口全覆盖核验可能造成列车超站停时，可报告列车长同意后，让旅客先上车后再补验。 2. 在车内查验时首选蓝牙识读器验证，若需要人工核验，务必逐一核对电子席位单、人、证一致后，方手动点击已验。 3. 列车长站台组织乘降作业时认真盯控各车厢乘务员车门验证(票)落实情况
3	夜间长大区间风险	较大	列车进入夜间长大区间，由于乘务人员或旅客均处于松懈麻痹状态，如果列车员不做旅客去向登记、列车长不组织全列验票，容易发生随车叫卖、盗窃犯罪以及其他违法分子伺机作案等风险隐患	容易发生随车叫卖、盗窃犯罪以及其他违法分子伺机作案等风险隐患	1. 加强夜间长大区间的验票和排查。夜间运行3～4小时的长大区间开车后，列车长必须组织全列查验一次车票，会同公安清理可能存在的无票、盗窃或其他违法人员。 2. 夜间(0:00—6:00)，列车长必须按规定落实全列巡视工作要求和视频录入，监督检查列车员在岗位在位，规范乘务作业标准
4	窗外抛扔物品风险	较大	旅客或列车工作人员将硬质垃圾从车窗抛出	影响行车秩序，耽误列车，造成行车事故	1. 列车乘务人员要熟知动车运行区段、熟知与动车交会、待避区段、车站。 2. 加强日常教育，增强全体乘务人员对列车抛物严重危害性认识，进一步执行好防抛制度
5	误拉紧急制动阀安全风险	较大	旅客误拉紧急制动阀	影响行车秩序，耽误列车，造成行车事故	1. 紧急制动阀必须粘贴防护帖并使其保持完好。 2. 列车长督促班组人员加强车厢巡视检查，及时发现及时制止

续上表

风险研判					防控措施
序号	风险名称	风险等级	风险描述（风险致因）	危害程度（可能后果）	
6	乘降安全风险	一般	旅客误乘误降	旅客跳车、被过往列车碰撞	1. 坚持执行好车门口认真查验车票制度，防止旅客误乘。尤其要防范两车停于同一站台时的旅客误乘。 2. 坚持执行好双通告，提前5分钟组织旅客做好下车准备。 3. 对于晚点列车，夜间运行列车、支援人员担当乘务的列车，列车长要加强管理，防范可能发生的误认到站造成的旅客误降
7	飞乘飞降安全风险	较大	列车启动、未停稳、运行中飞乘飞降	人员伤亡	1. 加强对列车工作人员日常劳动安全教育，提高劳动人身安全风险意识。 2. 班组坚持劳动安全“班前警示、班中检查、班后讲评”。 3. 守车列车长和人员负责检查列车入库车门关锁情况
8	横越股道安全风险	较大	不按作业人员走行径路行走 横越股道、抢越线路、钻爬车底，坐在钢轨上休息	人员伤亡	1. 开展典型案例教育，组织作业人员学习固定行走径路图，严格按规定径路行走。 2. 职工要自觉遵守劳动安全管理规定，严格落实劳动安全保护和防护措施。 3. 车辆甩挂过程中，所有人员不得上下车，严禁在连接处、通过台、风挡处逗留。 4. 列车长要加大班前提示和现场作业过程的监控力度，督促职工库内作业时按规定线路行走，不与机车车辆抢越线路、不横越股道、不钻扒车底、不跨越车钩、不攀爬机车、不在车底纳凉，确保作业过程安全

续上表

风险研判					防控措施
序号	风险名称	风险等级	风险描述（风险致因）	危害程度（可能后果）	
9	违规饮酒安全风险	较大	出乘前、乘务中、折返站饮酒	人员伤亡	按照要求开展酒精测试。测试对象为涉及客运乘务作业的人员，包括但不限于：列车长、值班员、列车员、行李员、餐售人员开展日常测试。(1)普速旅客列车乘务班组(含委外人员)须在上岗前和退乘时完成酒精测试。(2)涉及异地折返站的乘务班组需在异地公寓进行酒精测试。测试分为日常测试和随机抽检
10	不规范着装安全风险	一般	工作中穿高跟鞋	人员伤亡	加强劳动安全风险教育；列车长班前着重对班组人员着装进行检查
11	职工突发疾病风险	一般	职工年龄大，工作中突发疾病(眩晕症、严重贫血等)，造成受伤	人员伤亡	1. 严格执行接班前充分休息，保持充沛精力上岗的要求。 2. 列车长、班组长及班组骨干要充分利用班前点名、班中巡视等机会加强对职工身体状况的关注，及时调整身体不适人员的工作岗位
12	库内上下列车风险	一般	职工库内上下车，车梯离地面较高	职工摔伤	1. 班组库内出乘时列车长要组织出乘职工统一上车。 2. 职工于库内上下车时要紧握扶手，慢上慢下，严禁不拉扶手直接跳下
13	餐车劳动作业风险	一般	餐车内台作业时，工作人员需要登高、下蹲拿取物品时，柜门状态不良或锁闭不好，列车晃动柜门打开，造成人员碰伤、摔伤	人员伤害	列车长、餐车人员加强车内设备设施检查，设备设施存在问题，及时报检车员修复处理，同时做好防控和提醒工作。发生人员伤害时，按照预案做好现场处置，及时上报信息
14	进出站出退乘风险	一般	出退乘行走过程中接打电话、嬉戏打闹、注意力不集中等	人员伤害	1. 加强职工安全教育宣传。 2. 严格按照规定径路图行走，并指定安全防护员。 3. 班组严格执行集体出退乘制度

续上表

风险研判					防控措施
序号	风险名称	风险等级	风险描述（风险致因）	危害程度（可能后果）	
15	折返站留宿风险	较大	公寓住宿期间人员外出，洗漱、洗澡时，地面湿滑摔伤	人员伤害	1. 加强职工入住公寓安全宣传，对入住公寓重点部位及时做好提醒、提示。 2. 严格折返站安全管理规定，严格请销假制度及守车制度
16	支援人员安全风险	一般	支援人员对列车运行线路和列车时刻不熟，同时支援人员上岗违反相关制度	人员伤亡	1. 开展补强教育，人人知晓担当列车运行区段、列车编组、套跑交路、客运业务办理站及运行时刻等。 2. 实施“以老带新”方法，加强工作中“传帮带”指导
17	列车甩挂、分钩作业安全风险	较大	库停列车甩车作业分钩时，车上作业人员可能从分钩连接处掉落	人员伤亡	1. 车队接甩挂车通知后及时通知相关班组，列车长确认好甩车的车厢号，通知班组人员提前做好相关准备，并对守车人员做好安全警示。车队值班干部要加强库停列车巡视检查，指导班组做好守车相关工作。 2. 凡车上作业人员清楚甩车车厢号，禁止人员在连接处滞留。 3. 机车连接时，严禁车上所有作业人员通过连接处，待确认甩车作业完毕后，方可通过
18	道路交通安全风险	一般	乘务员上下班以及进、出库有乘坐非运营车辆（三轮车、摩托）现象，存在劳动安全隐患	人员伤害	1. 利用班组学习会对职工进行宣讲，结合案例讲解搭乘摩托车、三轮车存在的隐患及风险。 2. 告知职工段交通车开行时间，进出库乘坐交通车。 3. 各班组列车长每趟车出乘前做好提醒工作；结合交通车开行时间，班组做好出乘学习会或库内集中时间安排
19	飞石击伤风险	较大	车外飞石击打列车	造成旅客砸伤	向乘车旅客做好安全宣传工作

续上表

风险研判					防控措施
序号	风险名称	风险等级	风险描述（风险致因）	危害程度（可能后果）	
20	旅客人身伤害风险	一般	旅客手指被车门压伤 不慎摔倒、碰、撞、烫伤 地面、车梯积水未及时清理，导致旅客滑倒 行李架上行李摆放不稳掉下砸伤旅客	旅客人身伤害	1. 列车广播认真落实“旅行安全常识”的宣传，同时，各车厢列车员加强巡视，加强对连接处、厕所、乘务室等重点部位和早间、夜间等旅客活动高峰期的重点巡视和安全宣传，规范行李架的调整，做好地面卫生和积水清理工作。 2. 硬座车通过门安装防压卡，认真落实“压下手把轻关门”防控措施。 3. 加强对重点旅客的“三知三有”服务工作。 4. 加强“三乘检查”工作，确保车内设备设施使用正常
21	精神行为异常旅客风险	一般	旅客精神异常	导致自残、跳车，对他人造成伤害，损坏车辆设备设施	1. 发现精神异常旅客，立即收拣可以造成自残和伤害他人以及损坏列车设施设备的物品，绿皮车还要立即关闭车窗。 2. 列车长指定专人看护。 3. 必要时协助乘警对其进行约束
22	旅客突发疾病风险	较大	旅客突发疾病列车工作人员不作为	造成旅客抢救不及时，追究铁路责任	1. 列车员立即向列车长报告，列车长要迅速到达现场了解情况并广播寻找医生。 2. 必要时：(1)向所在铁路局集团公司客调报告请求前方三等以上车站停车交站送医院治疗；(2)请求车站派救护车接救急病旅客（请求时，列车长要讲明旅客病痛特征，及所了解到的旅客病史，以便救护车做好急救准备）
23	治安风险	一般	旅客之间纠纷、斗殴，列车工作人员不作为	造成旅客伤亡，追究铁路责任	1. 列车员立即向列车长报告，并对旅客纠纷或斗殴行为进行劝阻。 2. 列车长、乘警迅速到达现场，进行劝阻，了解情况。 3. 如旅客受伤，列车要进行必要处置。 4. 旅客受伤严重的，列车长协助乘警做紧急交站救治

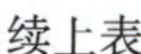

续上表

风险研判					防控措施
序号	风险名称	风险等级	风险描述（风险致因）	危害程度（可能后果）	
24	违规吸烟安全风险	较大	列车工作人员、旅客吸烟	引发列车火险、火灾	1. 认真吸取历年火灾事故教训，加强防火安全知识和卡控措施培训，提高职工对列车禁烟工作重要性认识。 2. 严格执行落实列车禁烟宣传和卡控措施，加强车内禁烟管理。 3. 加强列车隐蔽部位垃圾清扫，防止火种进入。 4. 列车长加强巡视检查，督促各工种人员落实车内禁烟规定
25	列车烟头安全风险	较大	旅客将烟头扔进垃圾桶、箱	引发列车火险、火灾	1. 列车员要经常对本车厢内以及垃圾箱、垃圾桶进行检查，防止发生冒烟、火险、火灾。 2. 对垃圾箱、桶内垃圾洒水保湿，防止垃圾被烟头引燃。 3. 内置垃圾桶底清理干净，严禁遗存垃圾
26	危险品携带风险	较大	旅客携带易燃危险品	引发列车火险、火灾，造成车辆损毁、人员伤亡	1. 列车员于列车始发、途中、重点区段、列车终到旅客下车完毕后对全列进行全面细致检查。 2. 各车厢列车员认真执行岗位防火职责，负责对旅客携带行李采取“宜看问闻摸查”方法，进行检查。 3. 对可疑旅客及行李列车员要及时向列车长报告，由乘警（安全员）对可疑行李进行开包检查。 4. 列车广播按规定进行“严禁携带危险品上车”的宣传
27	违规用电安全风险	较大	列车电器、电线短路 列车工作人员违章使用电器 违反规定给对讲机、手机充电	引发列车火险、火灾	1. 列车工作人员在乘务中保持高度警惕性，发现车内有焦煳味，要认真查找焦煳味来源，直至发现或完全排除。 2. 除乘务室内车厢灯控制开关正常使用外，严禁乘务员摆弄列车电器。 3. 餐车内台工作人员按章使用操作炊用电器。 4. 为对讲机、手机充电必须在规定位置进行，并不离监视视线，严禁在储藏室和其他禁止充电处充电

续上表

风险研判					防控措施
序号	风险名称	风险等级	风险描述（风险致因）	危害程度（可能后果）	
28	广播室用电安全风险	一般	广播员离开广播室未关电关机，关窗锁门	引发列车火险、火灾、设施设备损坏	1. 除检查工作人员外，其他人员一律不准进入广播室，以防带入火种。 2. 广播员作业中广播室门必须从内加锁。 3. 广播员离开广播室时，必须关电源、关窗、锁门
29	库内守车安全风险	较大	对运用客车车底库停时未严格执行好守车制度，守车人员、作业人员车上吸烟	引发火险、火灾	1. 车底入库时，车门、车窗必须关闭，车门加锁。 2. 车辆及保洁人员上车作业时，应立即锁闭车门，锁闭情况列车员进行检查。 3. 列车员及列车长均要执行2小时巡检一次的规定。 4. 守车列车长严格要求检查，严禁任何车上作业人员吸烟
30	违规作业安全风险	较大	乱拉乱接电源，擅自使用电器	引发火险火灾	1. 认真开展日常防火教育，对全员进行用电安全制度教育，不断增强全员防火安全意识。 2. 组织开展全员防火“四懂四会”等知识培训和应急处置演练，提高全员应急处置能力。 3. 对值班点，尤其昼夜值班点和冬季时用电检查。 4. 严禁非专业电工人员作业
31	消防通道堵塞风险	较大	消防通道内摆放杂物 消防通道门加锁	火灾发生后无法及时疏散人员，导致人员伤亡	1. 加强消防通道日常管理，杜绝消防通道内放置杂物的情况。 2. 组织职工进行疏散演练，使职工熟悉紧急疏散径路

附录 2

铁路旅客禁止、限制携带和托运物品目录

一、禁止托运和随身携带的物品

(一)枪支、子弹类(含主要零部件)

1. 军用枪、公务用枪:手枪、冲锋枪、步枪、机枪、防暴枪等以及各类配用子弹。

2. 民用枪:气枪、猎枪、运动枪、麻醉注射枪等以及各配用子弹。

3. 道具枪、发令枪、钢珠枪、催泪枪、电击枪等以及各类配用子弹。

4. 上述物品的样品、仿制品。

(二)爆炸物品类

1. 弹药:炸弹、照明弹、燃烧弹、烟幕弹、信号弹、催泪弹、毒气弹、手雷、地雷、手榴弹等。

2. 爆破器材:炸药、雷管、导火索、导爆索、震源弹、爆破剂等。

3. 烟火制品:礼花弹、烟花(含冷光烟花)、鞭炮、摔炮、拉炮、砸炮等各类烟花爆竹,发令纸、黑火药、烟火药、引火线,以及“钢丝棉烟花”等具有烟花效果的制品等。

4. 上述物品的仿制品。

(三)管制器具

1. 管制刀具:根据《管制刀具分类与安全要求》(GA 1334—2016),认定为管制刀具的专用刀具(匕首、刺刀、佩刀、三棱刮刀、猎刀、加长弹簧折叠刀等)、特殊厨用刀具(加长砍骨刀、加长西瓜刀、加长分刀、剔骨刀、屠宰刀、多用刀等)、开刃的武术与工艺礼品刀具(武术刀、剑等),以及其他管制刀具(超过《日用刀具分类与安全要求》规定的尺寸规格限制要求的各种刀具)。

2. 其他器具:警棍、军用或者警用匕首、催泪器、电击器、防卫器、弩、弩箭等。

(四)易燃易爆物品

1. 压缩气体和液化气体:氢气、甲烷、乙烷、环氧乙烷、二甲醚、丁烷、天然气、乙烯、氯乙烯、丙烯、乙炔(溶于介质的)、一氧化碳、液化石油气、氟利昂、氧气(供病人吸氧的袋装医用氧气除外)、水煤气等。

2. 易燃液体:汽油(包括甲醇汽油、乙醇汽油)、煤油、柴油、苯、酒精、酒精体积百分含量大于70%或者标志不清晰的酒类饮品、1,2-环氧丙烷、二硫化碳、甲醇、丙酮、乙醚、油漆、稀料、松香油等。

3. 易燃固体:红磷、闪光粉、固体酒精、赛璐珞、发泡剂 H、偶氮二异庚腈等。

4. 自燃物品:黄磷、白磷、硝化纤维(含胶片)、油纸及其制品等。

5. 遇湿易燃物品:金属钾、钠、锂、碳化钙(电石)、镁铝粉等。

6. 氧化剂和有机过氧化物:高锰酸钾、氯酸钾、过氧化钠、过氧化钾、过氧化铅、过醋酸、双氧水、氯酸钠、硝酸铵等。

(五)毒害品

氰化物、砒霜、硒粉、苯酚、氯、氨、异氰酸甲酯、硫酸二甲酯等高毒化学品以及灭鼠药、杀虫剂、除草剂等剧毒农药。

(六)腐蚀性物品

硫酸、盐酸、硝酸、氢氧化钠、氢氧化钾、有液蓄电池(含氢氧化钾固体、注有酸液或碱液的)、汞(水银)等。

(七)放射性物品

指含有放射性核素,并且其活度和比活度均高于国家规定豁免值的物品详见《放射性物品分类和名录(试行)》。

(八)感染性物质

包括可感染人类的高致病性病原微生物菌(毒)种和感染性样本,详见《人间传染的病原微生物名录》中危害程度分类为第一类、第二类的病原微生物。

(九)其他危害列车运行安全的物品

1. 可能干扰列车信号的强磁化物。
2. 硫化氢及有强烈刺激性气味或者有恶臭等异味的物品。
3. 容易引起旅客恐慌情绪的物品。
4. 不能判明性质但可能具有危险性的物品。
5. 干冰或使用干冰作冷却剂的物品。

(十)法律、行政法规、规章规定的其他禁止携带、运输的物品

二、禁止随身携带但可以托运的物品

(一)锐器:菜刀、水果刀、剪刀、美工刀、雕刻刀、裁纸刀等日用刀具(刀刃长度超过 60 毫米);手术刀、刨刀、铣刀等专业刀具;刀、矛、戟等器械。

(二)钝器:棍棒、球棒、桌球杆、曲棍球杆等。

(三)工具农具:钻机、凿、锥、锯、斧头、焊枪、射钉枪、锤、冰镐、耙、铁锹、镢头、锄头、农用叉、镰刀、铡刀等。

(四)其他:反曲弓、复合弓等非机械弓箭类器材,消防灭火枪,飞镖、弹弓,不超过 50 毫升的防身喷剂等。

(五)持有检疫证明、装于专门容器内的小型活动物,铁路运输企业应当向旅客说明运输过程中通风、温度条件。但持工作证明的导盲犬和作为食品且经封闭箱体包装的鱼、虾、蟹、贝、软体类水产动物可以随身携带。

三、限制随身携带的物品

(一)包装密封完好、标志清晰且酒精体积百分含量大于或者等于 24%、小于或者等于 70%的酒类饮品累计不超过 3 000 毫升。

（二）香水、花露水、喷雾、凝胶等含易燃成分的非自喷压力容器日用品，单体容器容积不超过100毫升，每种限带1件。

（三）指甲油、去光剂累计不超过50毫升。

（四）冷烫精、染发剂、摩丝、发胶、杀虫剂、空气清新剂等自喷压力容器，单体容器容积不超过150毫升，每种限带1件，累计不超过600毫升。

（五）安全火柴不超过2小盒，普通打火机不超过2个。

（六）标志清晰的充电宝、锂电池，单块额定能量不超过100瓦时含有锂电池的电动轮椅除外。

（七）法律、行政法规、规章规定的其他限制携带、运输的物品。